學會紫微斗數就靠這一本

宏天魁——著

高雄市五術教育協會 強力推薦
精心規劃20天課程，讓您輕鬆記住紫微星曜特性

前言

本書是以如何快速學好紫微斗數的八十三顆星曜為主軸的學習書！

對紫微斗數的初學者而言，最困擾的是，記不住紫微斗數裡每顆星曜的特質。在實際算命時，面對滿盤星星，往往腦袋裡是一片空白。雖然花了一年半載的時間學習每顆星曜的特質及意義，但是因為對星曜特性的掌握不夠清楚，就算勉強記住了星性特質，但在實際算命時又往往不知道從何下手。

所以，作者特別設計了一套簡單易學的超級學習法，讓所有學習者能在二十天內完全熟悉並記住每一顆星曜的特質及意義，在算命時也能立刻反應出來。

本書是以如何快速學好紫微斗數為主軸的學習書。書中所提出的紫微斗數的學習方法，作者把它命名為「字面、場景學習法」。這個方法是作者在學習及實際為客人算命的生涯中，體會、設計出來的學習方法，非常適合初學者及中段水準需要突破者使用。本書的內容是一個完全顛覆坊間傳統紫微斗數著作的創新寫法，作者累積個人二十餘年算命的經驗，將紫微斗數的每顆星曜融入一個極具代表性的「場景」中。例如，作者將紫微星的場景設計為「紫禁城」，紫禁城裡的人事物景生活環境都代表紫微星的特質。像這種創新的學習法，能讓學習者直接進入每顆星曜所代表的情境裡。不但學習快速，而且能確實掌握星曜在各種環境下的特質，讓學習者在解析命盤時能完全掌握當事人所處的情境，並進一步做出有意境的命理解析。這種在生活情境中解析命理的方式自然是無比貼切神準。一旦熟悉這個場景記憶法之後，只要在現實生活中有發現新的解釋，並經過印證後，就可以輕易的加入場景之中，可以隨時追求更精準精進的命理分析技巧，達到與時俱進的好處。

本書的內容完全是以經驗、實用為主，著重在學習方法上的突破，不再引述傳統紫微斗數的古文內容，因此這個部份讀者如果有興趣可以參考其他紫微斗數大師的著作。

導言

在傳統紫微斗數裡，將各星區分為兩大系統：

一是主星，又區分為紫微星系及天府星系。

二是副星，副星再區分為甲、乙、丙、丁、戊級副星。

主星總共十四顆星，副星則有上百顆，但常用者也不過四、五十顆，依狀況而定。而讀者會在本書中輕易學到的主星及副星總共有八十三顆，只要學會這八十三顆星曜的意義，在論命上已經綽綽有餘。

主星中，紫微星系包括紫微星、天機星、太陽星、武曲星、天同星、廉貞星。天府星系包括天府星、太陰星、貪狼星、巨門星、天相星、天梁星、七殺星、破軍星。作者再將主星依各星的性質及在生活中展現出來的力量區分為強星、中級星及弱星三個等級。（區分這三個等級對論命非常的重要，讀者務必要記住。）

強星展現出來的是它們的戰鬥力及氣勢，特質是強悍、堅強、不認輸。中級星是愛表現自己擁有的特質，少了強悍的氣勢，但還是擁有堅強的特性。弱星則是安定、安逸，少了戰鬥力及積極的心態，也少了想表現自己的企圖心。

強星有：「紫府廉武相」：紫微、天府、廉貞、武曲、天相。

「殺破狼」：七殺、破軍、貪狼。

中級星有：「機梁巨日」：天機、天梁、巨門、太陽。

弱星有：「陰同」：太陰、天同。

而副星的部份本書不再區分甲、乙、丙、丁、戊級副星，而是依每顆星曜的性質及意義重新加以歸類，將同類性質及意義的副星放在一起。因為在實際運用上根本不必去管它是什麼級的副星，只要知道它的意義及作用力就可以了。

例如，代表功名、考試、封賞、升遷（同類性質及意義）的星有天巫、天官、龍池、鳳閣、三台、八座、台輔、封誥，將這幾類星歸為一類，這樣就不必各別去記憶每顆星的意義。這種方式主要是要讓學習者方便記憶及運用，才不會被滿盤星星搞得昏頭轉向，想不起來那顆星是什麼意義，不知道該如何解釋。

在解析命盤時，作者會將命格區分為強、中、弱三種命格，再依星曜的特質區分命格的優缺點。走大運或者流年流月運勢時，則將運勢區分為吉、平、凶，以及吉凶混雜四種運勢。

作者在為客人算命時，會先依星性判斷當事人的命格是強格？是中格？還是弱格？接著會自然的進入各星曜所代表的字面、場景中，在字面、場景中作者就可以輕易的清楚的「看到」當事人可能會遭遇到的狀況，然後再從字面、場景中找到優點及缺點，接著再看運勢是吉？是平？是凶？或者是吉凶混雜？最後才會得到命理解析的結論以及應該如何因應或者處理的方法。（算命技巧的部份作者亦有獨特的方法，日後有緣份再專書介紹。）

作者舉一位客人的實例來說明什麼叫做「進入字面、場景中看到」。作者有一位客人，她的夫妻宮是「七殺」獨坐，（註：七殺星的場景設計是「戰爭」）。作者一看到七殺星就說：「哇，妳的婚姻像打仗一樣，拿刀拿槍的。」實際的狀況是她先生脾氣不好，客人找作者算命時，她先生才因為跟別人發生衝突被抓去關了。像這種情形就是作者所謂的「進入場景中」，可以在「戰爭」的場景中「看到」當事人可能會遇到的狀況——衝突、競爭、爭戰、死傷、氣勢、勇敢、暴戾、凶悍等等。

在為客人算命時，我們要有一個認知，我們要知道在生命裡「所有的事都是好事」，我們必須學會「從其中獲益」或者「從其中獲利」，所以，沒有誰的命格是不好的。作者在為客人解析命盤時，看到的永遠是「星曜的強弱力量」及「星曜的優缺點」而非「星曜的吉凶」，只有在走運時才會顯現出「運的吉凶」，只要能交互運用，每個人都能創造出自己不凡的生命。

凶象之所以能逞凶，主要的原因是當事者沒有能力去面對、應付、處理遭遇的困難。當我們有能力去面對、應付、處理我們遭遇的困難時，凶象就不會是凶象了。而從每顆星曜的字面場景中可以很輕易的看出每顆星曜的力量強弱、優缺點、以及可能成就的高低，還有突破命格極限的方法。所以，掌握每顆星曜的場景就等於掌握了趨吉避凶、扭轉命運的方法！

目錄

第零章 本書與其他紫微斗數著作有何不同之處？

本書與其他紫微斗數著作有下列的不同之處：

一、本書是一本基礎書，寫作的目的是以「快速學習」以及「實用」為主軸，讓讀者在看完書後就能快速的打好基礎，所以書的內容相當精簡，書裡看不到引述古文，或者比較學術性的論述引證，是一本完全著重在學習方法的書。

二、本書內容的設計以創新的學習方法為主，設計出能「快速學習，一看就會」的學習方法，讓學習者免去必須強記猛背的痛苦。

三、本書的內容，讓學習者在看到每顆星曜時都能「身歷其境」，宛如置身星曜所代表的場景之中。

四、看完本書就可以在瞬間提昇讀者的算命功力，而不再需要花時間去記憶死背。

五、因為本書使用「字面、場景學習法」，所以，每顆星曜含蓋的內容及範圍可以推衍擴展及生活上的各個層面，學習者對星性的了解會更深更廣。而且每個場景都含蓋了每顆星曜的優缺點、勝敗的因果、一生可能達到的成就的高低，掌握了星曜的場景也等於掌握了成敗的秘訣。

六、本書編寫方式是以二十天為進度，以上課的方式編寫。學習者只要按照進度學習就能在二十天內學完所有的星曜，而且一旦記住了就很難忘掉。

下面作者舉紫微星為例來說明本書的獨特之處。

在其他紫微斗數的著作裡，各位讀者可能會看到先進大師們對紫微星的特質有下列的描述：

紫微星：

陰土，化氣為尊，為官祿主。紫微星又名帝座，象徵著皇帝，代表著尊崇感、尊貴感。所以自尊心強，愛面子，不輕易服輸，遇到了問題總是自己攔下來，不習慣求助他人，當別人想伸援手時，總是給人感覺「我很好，我沒問題」，其實內心苦啊！因此，真的需要找人幫忙時，往往會捨近求遠。

由於是帝座，人格類型為領導型（領導力）。主觀自然強，不容易受他人影響，可以貫徹其鋼鐵般的意志。尊崇感會希望別人看重他，因此，適時的一句讚賞勝過黃金美玉，難免會落入盡聽好話，而認識不清實際狀況的險境。

紫微屬陰土，所以較深沈、內斂，比較讓別人猜不透，而有一種距離感。土性厚重頑固，所以蠻固執己見的，又土無所不載，因此包容性強，駁雜不精。

帝王性格，喜歡領導他人，有領袖慾，不喜歡屈居他人之下，如能得到重用，確實能負責任事。個性穩重，有主管威儀，孤芳自賞。社會地位較高，達官顯要，高級主管，處事果決，有責任心。領導、自大、孤傲、霸氣、尊貴、孝順、不易聽勸、固執的。很有效率的帶領團隊達成任務，並使其他人接受其想法。

優點：威嚴，君臨天下，求知慾盛，好勝心強，厚實穩重，不疾不徐，自愛自重，重視品質。

缺點：剛愎自用，眼高手低，虛榮心重，佔有慾強，自負任性，發號施令。

看看上面這麼洋洋灑灑的內容要怎麼記下來呢？死記硬背？還是胡亂背？還是找出所有的重點來背？

本書教大家使用「字面、場景學習法」來記憶，再運用「聯想引申推衍類化技巧」來一步一步聯想、引申、推衍出每顆星曜的各種特質，並加以類化，尤其是類化的能力相當的重要。能養成類化的習慣，會讓我們在為人解析命盤時，能非常適切的切入客人的生活情境中。這個學習法除了要求學習者記住「字面、場景」之外，其他的都不必記，在幫人論命時很容易的就可以從字面、場景中找到適當合宜的解釋。

本書提出的「字面、場景學習法」分成兩個部份：第一個部份是從星曜的名稱本身「字面」上聯結或者聯想到相關的內容。第二個部份是從各星曜代表的「場景」推衍類化出相關的內容。

以上面的紫微星為例，本書只要大家記住一個場景——『紫禁城裡的人、事、物、景、生活。』！而且更神的是「紫禁城」這個場景可以直接從紫微星的「紫」這個字面聯想到「紫禁城」，根本不必另外想辦法去記它，這就是本書強調的「字面、場景學習法」。接著，再用聯想引申推衍法來獲得紫微星在各方面的特質，並進一步加以類化。

在推衍類化的過程中，不論是推衍類化的內容，還是場景本身的內容都是主星特質的一部份。

那麼運用本書的方法，從「紫禁城」三個字我們可以聯想、引申、推衍、類化出什麼東西來呢？現在請各位讀者跟著作者進入「紫禁城」的場景中，一步一步順著場景走進紫禁城裡去看看紫禁城裡的人事物景生活，並加以推衍類化（記住，不要去硬背它，只要習慣用場景去推衍類化就可以了，在實際算命時只要針對問題進入場景中直接找答案就行了）。下面的內容只是部份推衍類化的結果而已（特別強調只是部份而已，因為還可以推衍、類化的更多），而這些場景的內容都代表紫微星的性質或者意義。

好，現在作者開始進行推衍、類化。

首先要記得紫微星的場景是『紫禁城裡的人、事、物、景、生活』，所以，當讀者看到紫微星時，腦中馬上反射出『紫禁城裡的人、事、物、景、生活』的場景，然後我們再進入這個場景中，就能完全掌握紫微星所代表的各種性質及狀態。

「紫禁城」是什麼？裡面有什麼人？裡面有什麼事？有什麼東西？

一、它是名勝古蹟，所以紫微星也代表名勝古蹟→有名的地方（可以類化為：有名的餐廳→名人的住家……等等，有興趣的話讀者可以繼續推衍或者類化下去，推衍類化的重點是要有名要吸引人）。

（提醒各位讀者：要以這種推衍類化的方式去學習及記憶，千萬不要去背它。在推衍類化時，雖然在用字遣詞上跟其他紫微斗數著作會有些不同，但意義上一樣就可以了。）

二、它是中國清朝的皇宮，所以可以推衍出：皇宮→豪宅→高級住宅→高級住宅區（一樣可以繼續推衍類化下去，類化的重點是要有錢或者有身分地位的地方或者房子）。

三、它是中國清朝的最高權力中心，所以可以推衍出：最高權力中心→政府→中央

機關→公家機關→在社會上就是大企業、財團總部。（同樣可以繼續推衍類化下去）

四、紫禁城裡面有皇上、皇親國戚、高官，可以推衍出：皇上、皇親國戚、高官→權貴→達官顯要→在社會上就是大企業老闆、高階主管、領導者（像經理、處長、組長、班長、小組負責人、專案領導人、老師、教授都算）→社會上有身分地位的人→名人→名媛→貴婦等等。（同樣可以繼續推衍類化下去）

五、紫禁城裡我們還可以看到很多很有價值的古董、高級的東西、精緻的東西、名貴的東西（名車、名錶等）、精緻的食物（美食主義、品味等）、高貴的服飾（重穿著）、新潮的東西、最新的科技等等（有興趣各位讀者可以繼推下去）。

這些都代表紫微星在物質上的屬性。

六、紫禁城裡最重要的人物就是皇上，從皇上的個性風格，可以推衍出下列內容：皇上→老大→高高在上（所以孤單，沒有知心友人）→自尊心強→自以為是→自我→主觀強→驕傲→有氣勢→發號施令→行事要求水準高→總是想超越別人

↓愛表現↓喜歡讓人看到他的水準。（作者有位客人是紫微天相坐命，她從事的工作就是電視台的購物專家，愛表現的很。）皇上↓嚴肅穩重↓有貴氣↓表現的有禮有節。皇上↓愛面子↓喜歡被人奉承↓不喜歡被管。（有興趣可以繼續推下去）。

如果是好皇帝，他會照顧身邊的人，讓人有好日子過，培養提拔優秀的人才，有強烈的責任感，想把事情做好。（有興趣可以繼續推下去）。

如果是昏君甚至是暴君，會自私、亂花錢、好享受、脾氣很大、沒耐心、擺架子、推責任、隨便怪罪別人等等（有興趣可以繼續推下去）。

七、紫禁城裡的人過什麼樣的生活？豐衣足食，美食，華服，享受，悠閒、用好吃好穿好、浪費（同樣可以繼續推衍、類化下去）。還有很多內容可以繼續推衍引申類化出來。

八、紫禁城的氣氛讓人感覺很深沈，甚至是陰沈，這也是紫微星的特質之一。

上面這些推衍類化的內容，不是要讓各位讀者去背的，只是要讓各位讀者能「了解」

每顆星曜是什麼性質、感覺、狀況。而且場景中一定包含每顆星曜的優點及缺點。在實際算命時所使用的詞句內容，大多數時候都會因人因事而有不同程度的調整。重點是，上面這些內容都不必去強記，只要你知道「紫禁城」這個活的場景就可以了，算命時你只要走進場景中就可以找到你要的答案。（請記住，論命時要走入場景中，而不是去想文字的內容。）

現在各位讀者應該可以了解本書的獨特之處了。各位讀者可以輕易從「紫禁城」這個場景中的那些人事物景環境氣氛推衍類化出紫微星代表的特質、物件、感覺、力道。可以很容易的依論命時的切入點，例如，食衣住行育樂感情工作財運親情等，在場景中找到答案。

例如，作者有一位客人她的事業宮有紫微天府，有這兩顆星會不會賺錢？

從「紫禁城」的場景中我們直接切入財富，我們看很多財富，所以，她當然會賺錢。她原本在賣港式燒鴨，美味又好吃（符合紫微星美食的特質，不一定非要高級不可，只要有符合的性質就對了），讓她賺了很多錢，後來被先生敗光了，還負債。之後，她轉做便宜的便當（一個50元，普通的便當，沒特色，這個不符合紫微星的特質），做了十多年一直都很辛苦又賺不到錢，只是可以過日子而已。作者從她做便當吃的方面切入，從「紫禁城」的生活場景中我們直接切入紫禁城中皇親國戚吃的習慣，當然是美食囉，所以，作者建議她回頭繼續做港式燒鴨，以美食好吃（符合紫微星的特質）作為經營的主要訴求，才又開始賺錢。像這樣可以馬上直接找到切入點的論命方式就是「字面、場景學習法」最大的特點。

熟用本書的字面、場景學習法，很容易在字面、場景中找到適當的切入點，靈活又貼切又能符合客人的生活情境及訴求。本書不講求比較嚴謹的學術性研究及說明，完全以實用為主，直接切入字面、場景中，尋找命理的解答。所以，只要熟悉字面、場景的推衍及類化方式，根本不必去強記任何東西。

（作者要再提醒各位讀者：要以這種推衍類化的方式去學習及記憶，千萬不要去背它。在推衍類化時，雖然在用字遣詞上跟其他紫微斗數大師的著作會有些不同，但意義上是一樣的，不必執著在字面上，只要意義一樣就可以了。）

熟悉「字面、場景學習法」後，一看到星曜就可以很自然的反應出相關的內容。更重要的是，這個學習法可以讓有興趣要學習紫微斗數，又怕記不住各星曜的特質的同好，在依本書設計的進度讀完內容後，就幾乎在很自然毫不費力的情況下，完全記住了各星曜的精髓內容，而且還會依不同的情形推衍、引申、類化出更多的內容。

各位讀者千萬不要去死記每一顆星曜的內容，而是要去練習推衍類化的過程，推衍類化的內容只要跟場景所代表的內容意義相同就可以了，不必咬文嚼字死背文字。

在每一顆星曜做推衍類化時，作者會像在上課一樣做充分的說明，所以推衍類化的過程會有些冗長。在推衍類化完後，針對每一顆星曜會再作精簡的整理，讓學習者可以更清楚的了解整個推衍類化的結果。

下面的章節就要開始進入介紹紫微斗數裡十四顆主星及各副星所代表的字面、場景了，精彩的內容一定會讓所有的讀者嘆為觀止，驚嘆原來紫微斗數還可以這樣子學習！（提醒各位讀者，在學習推衍類化的過程時，一定要同時注意每顆星曜都有正面及負面兩種不同的特質，不能只偏重一邊，要同時記住兩邊，這樣在實際論命時才不會只偏重吉或者只偏重凶，變成只論吉不知有凶，或者只論凶而不知有吉的情形，這樣就失去了趨吉避凶的意義了。）

在進入課程之前，作者先在第一章中說明對課程進度的安排方式。每一個章節並沒有上下連貫的設計，都是獨立的。各位讀者也可以依自己的需要直接跳到想要讀的章節去學習。

第一章 學習進度介紹

作者將紫微斗數各星曜的特質介紹設計為二十天的課程。

課程內容先詳細說明、介紹如何用「字面、場景推衍類化」的方式來獲得每顆星曜的特性；之後，會將說明用的文字刪除，將每顆星曜推衍類化後的內容以精簡方式整理出來，讓讀者能一目了然推衍類化的結果；最後，在每一堂課結束後會再整理出重點複習的內容，讓讀者做最精簡、最快速的複習，加深讀者的記憶。

介紹作者設計的課程進度如下：

第一天課程：紫微星、天機星。

第二天課程：太陽星、武曲星。

第三天課程：天同星、廉貞星。

第四天課程：天府星、太陰星。

第五天課程：貪狼星、巨門星。

第六天課程：天相星、天梁星。

第七天課程：七殺星、破軍星。

第八天課程：六煞星（擎羊、陀羅、火星、鈴星、地空、地劫）。

第九天課程：七吉星（文昌、文曲、左輔、右弼、天魁、天鉞、祿存）。

第十天課程：副星（一）：天刑、天馬。

第十一天課程：副星（二）：

孤單星：孤辰、寡宿、華蓋。

桃花星：紅鸞、天喜、咸池、沐浴、天姚

功名星：天巫、天官、奏書、博士、龍池、鳳閣、三台、八座、台輔、封誥。

貴人星：恩光、天貴、天德、月德。

第十二天課程：副星（三）：

意外、災病星：天月、白虎、病符、天使、天傷、天煞。

小人星：蜚廉、飛廉、陰煞、指背、天虛、劫煞。

喪事星：天哭、吊客、喪門。

落空星（事與願違）：空亡、天空。

阻礙星：截路、旬中、貫索。

破財星：破碎、大耗、小耗、亡神。

其他星：天福、天壽、天才、解神。

第十三天課程：四化星：生年四化及走運四化（化祿、化權、化科、化忌）。

第十四天課程：雙星同宮（一）：紫微天府、紫微貪狼、紫微天相、紫微七殺、紫微破軍、天機太陰、天機巨門、天機天梁。

第十五天課程：雙星同宮（二）：太陽天梁、太陽巨門、太陽太陰、武曲天府、武曲貪狼、武曲天相、武曲七殺、武曲破軍。

第十六天課程：雙星同宮（三）：天同巨門、天同天梁、天同太陰、廉貞天府、廉貞貪狼、廉貞天相、廉貞七殺、廉貞破軍。

第十七天課程：格局介紹（一）

第十八天課程：格局介紹（二）

第十九天課程：格局介紹（三）

第二十天課程：格局介紹（四）

最後還會有一章以作者算過的實例來說明「字面、場景法」在實際算命中的運用方式。

下面要開始進入二十天的學習課程，介紹紫微斗數裡重要的八十三顆星曜。同時作者要公開獨家超級好的學習方法，保證讓各位讀者能收到事半功倍的效果，讓原本要花上一年半載才能學會的星曜特質，在短短二十天內就能學完，而且保證依本書的進度讀完後就全部學會了，輕輕鬆鬆毫不費力費神。

第二章 紫微斗數的主星——紫微星系（第一天至第三天課程）

第一天課程：紫微星、天機星

紫微星

一、字面推衍：

從「紫」字可以聯結到「紫禁城」，因為紫禁城本身及它所代表的人事物剛好可以充分的表達出紫微星的特質，所以，作者將場景設計為跟紫禁城相關的情景。

紫微星

場景：[紫禁城裡的人、事、物、景、生活。]

二、場景設計：

作者設計的直接反應是：紫——紫禁城。

接著帶出下面的場景：『紫禁城裡的人、事、物、景、生活。』

所以，各位讀者在學習「字面、場景學習法」時要養成一個習慣：看到字面馬上聯想到場景。一看到「紫」馬上聯想到『紫禁城裡的人、事、物、景、生活。』腦中立刻浮現中國紫禁城的畫面，再從畫面中逐一推衍類化出所有相關的人事物。

因為場景裡的內容都「代表」紫微星的特質，我們要依「代表字」排列的順序一一推衍類化出紫微星的各項特質，所以，我們要先確定場景中那些字是「代表字」。以紫微星來看，它的代表字有：紫禁城→人→事→物→景→生活。

只要記住每一顆星的這些關鍵的代表字，就可以開始進行推衍類化了，可以很輕易的記住每顆星的特質，完全不必費心去死背硬背。

如果我們要知道紫微星的五行是什麼？作者的推衍方式是這樣的：紫禁城是一座「城」所以推衍出：紫微星五行屬土。

如果我們要再進一步知道紫微星在人體上代表什麼部位？作者的推衍方式是這樣的：紫微星五行屬土，在中醫上土代表人體上的「脾胃腸、消化系統」。另外，還可以繼續推衍紫禁城是中國清朝時的最高權力機構，所以可以推衍出在人體的部位是：「頭部頭腦」，人體上最高主控全身的部位。

所以我們知道紫微星五行屬土，在人體代表脾胃腸消化系統及頭部頭腦，在健康上容易有胃腸脾消化系統及頭部腦部的不適或者病變。

像這樣的推衍類化方式只要做過一次練習就能很輕易的記住，根本不必特別去背它，這就是「字面、場景」學習法神奇的地方。

作者接著依場景的「代表字」繼續推衍類化下去。

紫禁城：它是中國清朝時的皇宮，所以推衍類化出：皇宮→高級的房子→豪宅→高級住宅區→別墅→高級社區→高樓大廈等等。

人　：紫禁城裡面有皇上、皇后妃子、奴婢太監、皇親國戚、文武百官。依這些人可以推衍類化出很多紫微星的特質。

皇　上：推衍類化出：皇上→唯我獨尊→我最大→高高在上（孤單一人，有距離感）→權勢→霸氣→自以為是→我最行→主觀強→驕傲→愛表現→一切表現的有禮有節→表現出貴氣→表現出威權→表現出嚴肅穩重→發號司令。在自然界中像一座高大的山岳→玉山→百岳。

（再提醒各位讀者，上面的整個過程都是一個接一個推衍類化出來的，在推衍類化的過程中，就算用字遣詞跟其他著作有些不同也沒有關係，只要意思相類似沒偏差就可以了，下面所有的推衍類化過程用的都是同樣的方法。）

好皇上，我們可以推衍類化出：會照顧身邊的人，讓人有好日子過，培養提拔優秀的人才，有強烈的責任感，想把事情做好。

昏君或者暴君，我們可以推衍類化出：會自私、亂花錢、好享受、脾氣很大、沒耐心、擺架子、推責任、隨便怪別人。

皇上遇上能力強的好官成就高。遇上壞官就變壞了，跟誰在一起就壞成那樣。

皇后妃子：有皇后妃子所以身邊不缺人，但內心孤單。女性是名媛。貴婦。

奴婢太監：愛人來奉承↓愛人來服侍↓耳根軟↓愛聽好話。

皇親國戚、文武百官：可以推衍類化出：權貴↓高官↓通過資格考↓有專長證照↓經過認證的↓領導者（經理、處長、組長，班長，小組領導人，專案負責人等等）↓主管事務的人↓有身分地位名望名氣、受人敬重者（老師、會計師、工程師、醫師、律師、政治人物等）↓在民間為大企業家↓大老闆↓高階主管↓管理階層↓社會上有名的人↓名人等等。

事：它是政治權力中心，所以推衍類化出：中央政府↓公家機構↓在民間則是大企業總公司↓財團總部↓企業大樓。

物：裡面有財富、奇珍異寶，所以推衍類化出：骨董↓稀奇的東西↓高級的東西、服飾、飾品、用品、設備↓精密的東西↓相當於現在的電腦↓高科技。

景：它是名勝古蹟，所以推衍類化出：有名的名勝古蹟↓有名的或高級的人地物（↓名人住宅↓有名的餐廳↓有名的酒店等等）↓漂亮高雅的庭園。

生活：食衣住行育樂等生活情況都比較講究↓重享受享樂↓重品味↓要求品質跟水準↓美食華服。氣氛讓人感覺很深沈，甚至是陰沈，這也是紫微星的特質之一。

紫微星最大問題：脾氣很大、沒耐心、自我。

紫微星最大優勢：強烈的責任感、要求品質水準。

上面這麼多的內容，如果用一般的方式去記它，要怎麼記呢？要背多久呢？為了突破這個困難點，作者才依多年論命的經驗整理相關資料，設計出「字面、場景學習法」，一看到星曜就能輕易進入代表的場景中尋找論命的切入點，大大提昇論命時的靈活度。

上面推衍類化的內容雖然很多，但是讀者還是可以依個人論命的經驗，不斷將驗證無誤的特質繼續加入推衍類化的內容裡。在推衍類化的過程中，不必執著於使用的文字，只要意思對就可以了。

讀者只要依照上面的推衍類化過程自己練習一次，很快就能記住紫微星跟其他主星以及副星的內容了。

內容精簡整理：

作者將上面推衍類化過程中所有說明的文字全部省略，直接整理出所有推衍類化的內容如下：

紫微星：

紫→紫禁城→『紫禁城裡的人、事、物、景、生活。』

紫禁城→城→五行屬土→脾胃腸。消化系統。

→最高權力機構→頭部頭腦。

→皇宮→高級的房子→豪宅→高級住宅區→別墅→高級社區→高樓大廈等等。

人→皇上。皇后妃子。奴婢太監。皇親國戚。文武百官。

皇上→唯我獨尊→我最大→高高在上（孤單一人，有距離感）→權勢→霸氣→自以為是→我最行→主觀強→驕傲→愛表現→一切表現的有禮有節→表現出貴氣→表現出威權→表現出嚴肅穩重→發號司令。

在自然界中像一座高大的山岳→玉山→百岳。

好皇上→會照顧身邊的人→讓人有好日子過→培養提拔優秀的人才→有強烈的責任感→想把事情做好。

昏君或者暴君→自私→亂花錢→好享受→脾氣很大→沒耐心→擺架子→推責任→隨便怪別人。

皇上遇上能力強的好官成就高。

皇上遇上壞官就變壞了，跟誰在一起就壞成那樣。

皇后妃子↓身邊不缺人↓但內心孤單↓名媛↓貴婦。

奴婢太監↓愛人來奉承↓愛人來服侍↓耳根軟↓愛聽好話。

皇親國戚、**文武百官**↓權貴↓高官↓通過資格考↓有專長證照↓經過認證的↓領導者（經理、處長、組長，班長，小組領導人，專案負責人等等）↓主管事務的人↓有身分地位名望名氣、受人敬重者（老師、會計師、工程師、醫師、律師、政治人物等）↓在民間為大企業家↓大老闆↓高階主管↓管理階層↓社會上有名的人↓名人等等。

事↓政治權力中心↓中央政府↓公家機構↓在民間則是大企業總公司↓財團總部↓企業大樓。

物↓財富↓奇珍異寶↓骨董↓稀奇的東西↓高級的東西、服飾、飾品、用品、設備↓精密的東西↓相當於現在的電腦↓高科技。

景↓名勝古蹟↓有名的名勝古蹟↓有名的或高級的人地物（↓名人住宅↓有名的餐

廳）→有名的酒店等等）→漂亮高雅的庭園。

生活→食衣住行育樂等生活情況都比較講究→重享受享樂→重品味→要求品質跟水準→美食華服。

氣氛→深沈→陰沈。

接著介紹如何推衍類化天機星。

天機星

一、字面推衍：

「機」字有木字邊，所以推衍類化出：五行屬木。小樹、灌木。

木：在人體上木代表肝膽、四肢、脊椎、筋骨、眉毛。

木：木又是造紙的原料，所以可以推衍類化出：紙↓書↓跟紙、書相關的人事物（↓造紙業↓有紙可以寫書↓作家↓寫好書要出版↓出版業↓經過印刷↓印刷業↓終於出書↓送到書店賣↓有書就要讀書學習↓要到學校上課↓或者到補習班上課↓到影印店影印書……等等）。

（再提醒各位讀者，上面的整個過程都是一個接一個推衍類化出來的，在推衍類化的過程中，就算用字遣詞跟其他著作有些不同也沒有關係，只要意思相類似沒偏差就可以了，下面所有的推衍類化過程用的都是同樣的方法。）

從「**機**」字的字面，還可以推衍類化出：機械、機智、天機、心機。

機械↓設計、操作、維護機械的人↓機械技師↓機械工程師↓或者其他跟機械工程或設備有關的人事物。

機智↓所以反應快。聰明。

天機↓知道天機的人。五術。玄學。宗教。心理學。催眠。宗教。神明。

心機↓愛算計↓所以不夠坦白↓有時說話或者做事會躲躲閃閃↓在現在來看是觀察人心理的心理學家。

光是從「天機」的字面就已經推衍類化出上面這麼多的特質及內容。下面接著還要從「場景」中再推衍類化出更多的內容。

從「天機」兩個字的字面可以推衍類化出：知道天機的人，所以，作者用中國歷史上三國時期的諸葛孔明做為場景的代表，將場景的設計連結為：

天機星
場景：[孔明戴著眼鏡，坐在他發明的孔明車上，一面泡茶一面遊山玩水。]
孔明
孔明車
小樹
眼鏡
泡茶

天機——孔明。一看到「天機」兩個字就直接反應出「孔明」，接著就帶出整個場景。

二、場景設計：

作者設計的直接反應是：天機——孔明。**接著帶出下面的場景：**『孔明戴著眼鏡，坐在他發明的孔明車上，一面泡茶一面遊山玩水。』

因為場景裡的每樣內容都「代表」天機的特質，所以我們要先確定那些字是關鍵的代表字。

在這個場景中關鍵的代表字有：孔明

↓眼鏡↓發明↓孔明車↓泡茶↓遊山玩水。

只要記住這些關鍵的代表字就行了，然後再依代表字排列的順序一一推衍類化出天機星的各項特質。

孔明：（中國歷史上三國時期蜀國國君劉備的軍師，幫劉備打天下，是一個很聰明的人）

從孔明的性格、能力、行事風格等等，我們可以推衍類化出：

孔明↓會觀察天象↓所以上通天文↓下知地理↓知道天機↓所以能預測未來的發展↓所以能掌握時機↓這種能力在現在來講跟神明↓宗教↓廟宇↓還有命理五術相當有關係↓也很像談人生哲理的哲學家。

孔明↓很聰明↓所以具備各種聰明人該有的能力↓學習能力↓記憶力↓理解力↓分析能力↓觀察能力↓心思縝密↓等等各種能力↓所以很容易成為專家↓行事變得有計劃↓會先收集資訊↓再整理資訊↓重新組織資訊↓然後分析資訊↓進行策劃、企劃、規劃↓最後提出策略及建議↓並且善於察言觀色，知道用什麼人來執行計劃，知人善用↓是很優秀的幕僚↓然後從幕僚的工作性質可以推衍類化至各種協助主管處理事物的人↓助理、秘書、特別助理等等↓可以再推衍至在各行各業中提供專業建議的工作或人↓理財投資↓理財專員↓顧問公司↓各種顧問工作或人員↓這些人員必須具有相當好的口才↓能言善道↓從這個特質可以再推衍類化出具專業知識或者能力為背景跟口才相關的行業↓老師、主持人、演講家、解說員、導遊等等。

缺　點　是：天機只是幕僚性質，只有建議的份，沒有指揮調度的份，所以，雖然善策略↓但執行力不強↓缺乏領導魅力。

另外的缺點是：雖然愛動腦筋，但是會↓自以為是↓會想太多↓鑽牛角尖↓變得神經質↓在人體上就是神經系統↓會有腦神經衰弱的情形↓嚴重時會有精神病。

中國三國時期孔明是蜀國國君劉備的軍師，雖然名為軍師但其實兩人情同手足，所以，我們可以推衍類化出：天機星也代表↓兄弟↓結拜兄弟↓認真負責↓死而後已。

（再提醒各位讀者，上面的內容雖然很多，不過都是一個接著一個推衍類化出來的結果，千萬不要去硬背它們，一定要練習一個接著一個推衍類化，這樣，在實際算命時才能靈活推衍應用。）

眼　鏡：推衍類化出：跟眼鏡相關的人事物→眼鏡行→隱形眼鏡→鏡片→透明玻璃→鏡子→還有跟鏡子或者玻璃相關的人事物。

發　明：推衍類化出：發明→發明家→有創意→有點子→有設計能力。

孔明車：推衍類化出：車→車子→機車→踏腳車→有齒輪的機械設備→可以再推衍為有轉軸的機械設備→機台→車床→銑床等等。

泡　茶：推衍類化出：茶葉→茶樹→跟茶相關的事物。

遊山玩水：推衍類化出：動星→到處走動→旅行→旅遊作家→遊學→悠閒的生活。遇到擎羊陀羅火星鈴星，變成→聰明的壞人→動歪腦筋→智慧型犯罪→宵小→俗仔。

最大問題：自以為是、執行力不強。

最大優勢：機智、反應快、認真負責。

上面的內容雖然很多，但是只要記住孔明開車出去遊山玩水的場景就可以了，其他詳細的內容則透過推衍類化方式一個接著一個推衍類化出來。在算命時，可以依當事人的問題點切入場景中找到適當的答案。例如，看到天機坐命的人，腦袋就先跑出「『孔明戴著眼鏡，坐在他發明的孔明車上，一面泡茶一面遊山玩水。』這個場景。

如果當事人問你「我可以去銷售汽車嗎？」，你馬上從孔明車、幕僚、執行力不佳三點切入，就有答案了，你可以告訴他「你適合做有關汽車專業技術方面的服務，但不適合直接做銷售的工作。但是，如果你能吃苦耐勞最後變成很好的汽車銷售高手，那麼你更適合從事銷售員培訓講師的工作。總結來講，你適合做專業的幕僚服務性質或者顧問性質的工作。」

所以，如果能掌握住場景，你在為客人算命時就能很貼切的找到適合的答案。

內容精簡整理：

作者將上面推衍類化過程中所有說明的文字全部省略，直接整理出所有推衍類化的內容如下：

天機星：

機↓木字邊↓五行屬木↓小樹↓灌木。

木↓肝膽、四肢、脊椎、筋骨、眉毛。

木↓造紙↓紙↓書↓跟紙、書相關的人事物↓造紙業↓寫書↓作家↓出版業↓印刷業↓書店↓讀書學習↓學校↓補習班↓影印店．等等。

機↓機械↓設計、操作、維護機械的人↓機械技師↓機械工程師↓跟機械工程或設備有關的人事物。

機↓機智↓反應快。

機↓心機↓愛算計↓不夠坦白↓說話或者做事會躲躲閃閃↓心理學家。

機↓知道天機的人。五術。玄學。宗教。心理學。催眠。

天機↓孔明↓『孔明戴著眼鏡，坐在他發明的孔明車上，一面泡茶一面遊山玩水。』

孔明↓觀察天象↓上通天文↓下知地理↓知天機↓掌握時機↓神明↓宗教↓廟宇↓命理五術↓哲學家。

孔明↓很聰明↓學習能力↓記憶力強↓理解力↓分析能力↓觀察能力↓心思縝密↓等等各種能力↓專家↓行事有計劃↓收集資訊↓整理資訊↓組織資訊↓分析資訊↓進行策劃、企劃、規劃↓提出策略及建議↓善於察言觀色↓知人善用↓優秀的幕僚↓各種協助主管處理事物的人↓助理、秘書、特別助理等等↓提供專業建議的工作或人↓理財投資↓理財專員↓顧問公司↓顧問工作或人員↓能言善道↓具專業知識或能力為背景跟口才相關的行業↓老師、主持人、演講家、解說員、導遊等等。

缺點是↓執行力不強↓缺乏領導魅力。

另外的缺點是↓自以為是↓想太多↓鑽牛角尖↓神經質↓神經系統↓腦神經衰弱↓精神病。

天機→兄弟→結拜兄弟→認真負責→死而後已。

眼鏡→跟眼鏡相關的人事物→眼鏡行→隱形眼鏡→鏡片→透明玻璃→鏡子→跟鏡子或者玻璃相關的人事物。

發明→發明家→創意→點子→設計能力。

孔明車→車→車子→機車→踏腳車→有齒輪的機械設備→有轉軸的機械設備→機台→車床→銑床等等。

泡茶→茶葉→茶樹→跟茶相關的事物。

遊山玩水→動星→到處走動→旅行→旅遊作家→遊學→悠閒的生活。

第一天課程的重點複習：

今天只要記住下面的字面及場景，不必逐字逐句的去背整個推衍類化出來的內容，只要掌握住內容的性質就可以了。

紫微星：

字面「紫」→「紫禁城」→場景：『紫禁城裡的人、事、物、景、生活。』

紫禁城→五行屬土→脾胃腸、消化系統。

→最高權力機構→頭部頭腦。

天機星：

字面「**機**」→木→肝膽、四肢、脊椎、筋骨、眉毛。

木→造紙、書。

機→機械。機智。天機。心機。

字面「天機」↓孔明↓場景：『孔明戴著眼鏡，坐在他發明的孔明車上，一面泡茶一面遊山玩水。』

第一天課程結束。今天介紹了一個地方以及一號人物，一個地方是皇帝的家紫禁城：紫微，一號人物是上通天文下知地理聰明的孔明：天機。

放輕鬆一下，上網看看「三國演義」，可以增加各位讀者對孔明、關公、張飛三號人物的了解。在作者的場景學習法中孔明是天機星的代表人物，關公是武曲星的代表人物，張飛是破軍星的代表人物。看過「三國演義」就會更加了解天機、武曲以及破軍三顆星的特質，而且想忘也忘不了。

太陽星

一、字面推衍：

從「太陽」的字面直接聯結到「燃燒的太陽」的場景。

二、場景設計：

作者設計的直接反應是：太陽——燃燒的太陽。

接著帶出下面的場景：『太陽自轉，不斷燃燒自己提供能源給萬物。』

這個場景中關鍵的代表字有：太陽↓自轉↓燃燒自己↓能源。

只要記住這些關鍵代表字就行了，然後再依代表字的排列次序一一推衍類化出太陽星的特質。

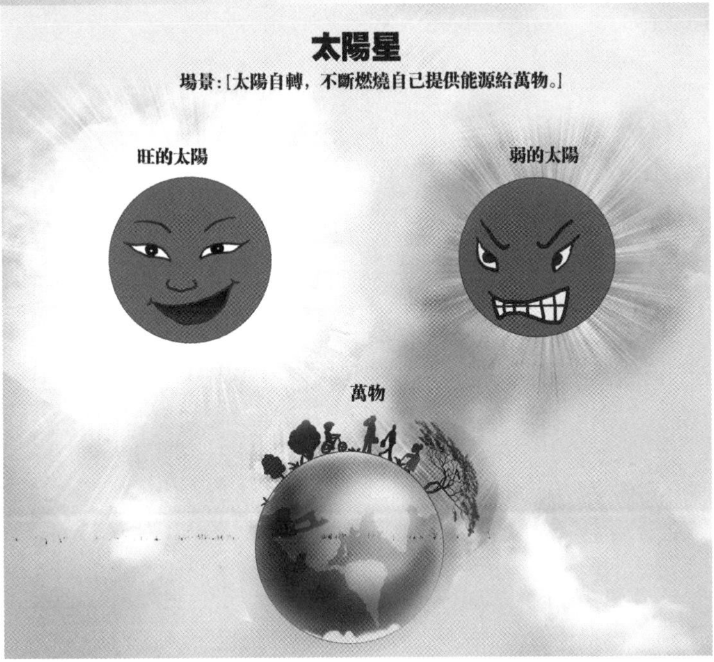
太陽星
場景：[太陽自轉，不斷燃燒自己提供能源給萬物。]
旺的太陽
弱的太陽
萬物

太陽：從字面「陽」字是男人，可以推衍類化出：陽光型的男人↓有男人風格氣勢的女人。

從「太陽」會產生「光」可以推衍類化出：會產生光的東西↓照明設備↓會發光的人↓光明正大的人。

自轉：推衍類化出：動星↓一直忙碌不得閒的人↓一直在動、沒有定點定性，移動性的行業↓運輸業↓代工、僱工等工作。

燃　燒：需要可以燃燒的東西，所以可以推衍類化出：燃料↓瓦斯↓汽油等。

燃　燒：會產生火跟熱。

火可以推衍類化出：太陽的五行屬火

↓在人體火代表心血管。眼睛。

熱可以推衍類化出：對人熱情熱絡↓對事則熱心積極↓對外活躍↓外向↓大方↓可以再推衍類化為↓公關↓交際↓外交↓交涉↓一般的話就是業務人員↓這些人都是很會說話，振振有詞。

燃燒自己：提供能量給萬物，可以推衍類化出：為眾生犧牲奉獻↓大愛↓博愛↓無私↓慈善相關的人事物↓慈善事業↓從事慈善工作的人↓有服務眾生的心↓可以再推衍類化出：民意代表↓政治人物↓為民服務的人↓最基本的就是一般的服務業。

能　源：在人體代表「丹田」↓推衍類化出：能量。

可以再推衍類化出：跟能源相關的人事物↓能源科技、技術、工程、工廠、人員。跟電力相關的人事物↓核能發電廠↓跟核能相關人事物↓火力發電廠↓電塔↓電線桿↓工程↓電器用品等。能產生動力、熱能的東西↓引擎↓發電機等。

失輝逢煞（太陽化忌）會怎樣？所有正面特質全反了！變成壞男人、沒耐心、沒愛心、投機取巧、能量不足、活力不足、先勤後惰、頭興興尾冷冷、先盛後衰、做事事倍功半、勞而無功。

太陽化忌：代表電器壞了、停電、斷電了。

最大問題：犧牲、奉獻、壞男人。

最大優勢：對事熱心、積極、活躍。

內容精簡整理：

作者將上面推衍類化過程中所有說明的文字全部省略，直接整理出所有推衍類化的內容如下：

太陽星：

太陽→『太陽自轉，不斷燃燒自己提供能源給萬物。』

太陽→男人→陽光型的男人→有男人風格氣勢的女人。

太陽→會產生光的東西→照明設備→光明正大。

自轉→忙碌不得閒→一直在動、沒有定點沒有定性，移動性的行業→運輸業→代工、僱工等。

燃燒→燃料→瓦斯→汽油。

燃燒→火→五行屬火→心血管。眼睛。

火→熱→熱情熱絡→熱心積極→活躍→外向→大方→公關→交際→外交→交涉→業務人員→很會說話，振振有詞。

燃燒自己→犧牲→奉獻→大愛→博愛→無私→慈善相關的人事物→慈善事業→從事慈善工作的人→服務眾生→民意代表→政治人物→為民服務的人→服務業。

能源→丹田→能量。

→能源相關的人事物→能源科技、技術、工程、工廠、人員。

→電力相關的人事物→核能發電廠→跟核能相關人事物→火力發電廠→電塔→電線桿→工程→電器用品等。

→產生動力、熱能的東西→引擎→發電機等。

失輝逢煞（太陽化忌）→壞男人→沒耐心→沒愛心→投機取巧→能量不足→活力不足→先勤後惰→頭興興尾冷冷→先盛後衰→做事事倍功半→勞而無功。

太陽化忌→電器壞了→停電→斷電了。

接下來，介紹如何推衍類化出武曲星的各種特質。

武曲星

一、字面推衍：

從「武曲」的「武」字可以推衍類化出：武器、武職、武財神。

武　器：可以推衍類化出：武器→刀→槍等各式輕武器→也可以類化為任何可以傷害人的東西。

武器是金屬製造的，所以武曲五行屬金。

金　：在人體代表呼吸系統、鼻、氣管、肺。

金　：在物品上可以推衍類化出：跟金屬相關的人事物→貴金屬→重金屬→五金→五金加工業→鋼鐵業→機械業→重工業等。

武　職：可以推衍類化出動刀動槍動武的人事物。

↓與軍人相關的人事物：軍人↓軍隊↓軍營↓軍事設施等等。

↓與警察相關的人事物：警察↓警局↓警車↓警察設備等等。

↓在民間則是↓保全↓保鏢↓護衛等↓還有跟這些相關的行業。

↓在商場上則是↓從商↓作生意↓業務員等↓以及必須在外面奔波的行業。

武財神：可以推衍類化出：與錢相關的人事物↓財神爺↓財神廟↓銀行↓金融機構↓財務金融↓銀樓↓當鋪↓穩健的理財↓可以再推衍類化出跟理財財務金融相關的人事物。

當武曲化忌時一定是財務出了問題，可以推衍類化出：不當或者失敗的理財或者財務狀況↓像破財↓負債↓借高利貸↓地下錢莊等等。

武曲星
場景：［關公手持關刀一個人闖入敵營，殺殺殺！］
關公
關刀
財富（武財神）

二、場景設計：

作者設計的直接反應是：武曲——關公。因為武曲的特質跟中國歷史三國時期蜀國的將軍關公相當接近，所以，以關公作為武曲的代表人物。

接著帶出下面的場景：『關公手持關刀一個人衝入敵營，殺殺殺！』

這個場景中關鍵的代表字有：關公→關刀→一個人→衝→殺殺殺。

只要記住這些關鍵代表字就行了，然後再依代表字的排列次序一一推衍類化出武曲星的特質。

關公：武曲具有關公的特質，因此推衍類化出：忠肝義膽→守信重義→有擔當→有魄力→為人爽快→一身傲骨→爭強好勝等等。（還可以推衍類化出跟這些特質相關的更多特質。）

還可以推衍類化出：關公→關聖帝君→武財神廟→關帝廟→土地公（小財神）→跟宗教有關→塔（關公像塔一樣）→素食→素食店。

關刀：推衍類化出：武器。

一個人：推衍類化出：一個人→孤寡→所以個性有些孤僻→遇事容易獨斷獨行。

衝：推衍類化出→衝鋒陷陣→很有拚勁→很有行動力。

殺殺殺：光看三個殺字就能感受到→出手快→行動乾淨俐落→行事不拖泥帶水。

逢忌煞天刑：上面的優點全變了樣→變得不忠不義→力量更強變得更容易刑傷→變得更孤單→會以不當方式取財。

逢地劫：財星遇到劫星→變劫財→財來亦失。

逢地空：金空則鳴，名氣響叮噹，但無財。

最大問題：一身傲骨、爭強好勝、獨斷獨行。

最大優勢：有擔當、行動力。

內容精簡整理：

作者將上面推衍類化過程中所有說明的文字全部省略，直接整理出所有推衍類化的內容如下：

武曲星：

武→武器。武職。武財神。

武器→刀→槍等各式輕武器→五行屬金。

金→呼吸系統、鼻、氣管、肺。

金→金屬→貴金屬→重金屬→五金→五金加工業→鋼鐵業→機械業→重工業等。

武職→軍人→軍隊→軍營→軍事設施等。

→警察→警局→警車→警察設備等。

↓保全↓保鏢↓護衛等。
↓從商↓作生意↓業務員等。

武財神↓財神爺↓財神廟↓銀行↓金融機構↓銀樓↓當舖↓穩健的理財。

武曲化忌↓財務出了問題↓像破財↓負債↓借高利貸↓地下錢莊等。

武曲↓關公↓『關公手持關刀一人衝入敵營，殺殺殺！』

關公↓忠肝義膽↓守信重義↓有擔當↓有魄力↓為人爽快↓一身傲骨↓爭強好勝等等。

關公↓關聖帝君↓關帝廟↓武財神廟↓土地公↓宗教↓塔↓素食↓素食店。

關刀↓武器。

一個人↓孤寡↓孤僻↓獨斷獨行。

衝↓很有拚勁↓很有行動力。

殺殺殺↓出手快↓乾淨俐落↓不拖泥帶水。

逢忌煞天刑↓不忠不義↓刑傷↓孤單↓不當方式取財。

逢地劫↓劫財↓財來亦失。

逢地空↓金空則鳴，名氣響叮噹，但無財。

第二天課程的重點複習：

今天只要記住下面的字面及場景就可以了，不必逐字逐句的去背整個推衍類化出來的內容，只要掌握住內容的性質就可以了。

太陽星：

字面「太陽」↓『太陽自轉，不斷燃燒自己提供能源給萬物。』

武曲星：

字面「武」↓武器、武職、武財神。

金↓呼吸系統。鼻。氣管。肺。

金↓金屬。

字面「武曲」↓**關公**↓場景：『關公手持關刀一個人衝入敵營，殺殺殺！』

第二天課程結束。今天介紹了一顆恆星以及一號人物，太陽系的恆星：太陽，忠肝義膽的關公：武曲。看過「三國演義」了嗎？如果還沒看過，作者強烈建議你一定要去看！

第三天課程：天同星、廉貞星

天同星

一、字面推衍：

從「同」字聯結到「資優兒童」（採「同與童」同音的聯結方式）。

二、場景設計：

作者設計的直接反應是：同——資優兒童。

接著帶出下面的場景：『資優兒童去旅行，有護士姐姐隨行照顧，老師說吃點心前要洗手。』

這個場景中關鍵的代表字有：資優↓兒童↓旅行↓護士姐姐↓照顧↓老師↓洗手。

只要記住關鍵的代表字就行了，然後再依代表字的排列次序一一推衍類化出天同星的特質。

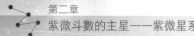

天同星
場景：[資優兒童去旅行，有護士姐姐隨行照顧，老師說吃點心前要洗手。]
資優兒童
老師
護士

資優：可以推衍類化出：聰明↓所以具備各種能力↓理解力、分析能力、歸納能力、表達能力、學習能力強、邏輯能力佳（不必特別去背這些能力，只要知道就行了）↓這樣當然多學多能↓所以多才多藝↓文筆不錯。

兒童：可以推衍類化出：年幼或者年紀較輕↓兒童天真浪漫↓沒心機↓小朋友善良↓女兒貼心↓會委屈求全↓隨和↓人緣佳↓每天快快樂樂（樂觀）↓無憂無慮↓愛玩↓好好玩（幽默）↓喜歡到處亂跑↓易受傷害↓喜歡自由悠閒。

還可以推衍類化出：與小朋友相關的人事

物機構↓三太子（所以跟宗教有緣）↓育幼院↓幼稚園↓兒童樂園↓跟小朋友相關的慈善事業↓玩具↓還有很多跟小朋友相關的行業都是。

在工作上的表現可以推衍類化出：像小孩子一樣慵懶↓比較沒衝勁，不積極↓執行力不佳↓適合壓力不大，競爭性不大，衝突性不大，責任不重的工作↓作生意就要小成本或者低成本生意↓無成本生意↓像小吃店↓個人工作室。

（不厭其煩再提醒各位讀者，上面的內容雖然很多，不過都是一個接著一個推衍類化出來的結果，千萬不要去硬背它們，一定要練習一個接著一個推衍類化，這樣，在實際算命時才能靈活推衍應用。）

旅行：推衍類化出：喜歡到處旅行走走↓悠閒優雅的享受吃喝玩樂。

護士姐姐：推衍類化出：護士↓醫師↓小兒科↓醫護人員。

照　顧：可以推衍類化為：需要被照顧↓照顧服務別人。

老　師：推衍類化出：公教人員↓老師↓教導者↓指導者↓諮詢者（命理師、心理學者、可以提供別人意見的人）↓因有真知卓見而形成的領袖（被拱出來的領袖。聽說國父孫中山先生就是天同坐命的人，他不但提出三民主義，還是位醫師。只是不知道可信度有多高。）

洗　手：可以推衍類化出，天同五行屬水。

水　：用自來水洗手→水管→小水溝。

在人體為腎、膀胱、內分泌（這個比較不一樣要特別記住）。

四煞同宮：波折、變壞（表面和善內心不爽）。

擎羊同宮：脾氣壞了、變成壞小孩、容易受傷、開刀。

最大問題：不積極、慵懶、執行力不佳。

最大優勢：聰明、多學多能。

內容精簡整理：

作者將上面推衍類化過程中所有說明的文字全部省略，直接整理出所有推衍類化的內容如下：

天同星：

同↓資優兒童↓『資優班兒童去旅行，有護士姐姐隨行照顧，老師說吃點心前要洗手。』

資優↓聰明↓理解力、分析能力、歸納能力、表達能力、學習能力、邏輯能力等↓多學多能↓多才多藝↓文筆不錯。

兒童↓年幼↓年紀較輕↓天真浪漫↓沒心機↓善良↓貼心↓委屈求全↓隨和↓人緣佳↓快快樂樂（樂觀）↓無憂無慮↓愛玩↓好好玩（幽默）↓到處亂跑↓易受傷害↓自由悠閒。

↓與小朋友相關的人事物機構↓三太子↓宗教↓育幼院↓幼稚園↓兒童樂園↓玩具。

↓工作↓慵懶↓沒衝勁↓不積極↓執行力不佳↓適合壓力不大，競爭性不大，衝突性不大，責任不重的工作↓小成本↓低成本生意↓無成本生意↓小吃店↓個人工作室。

旅行→到處旅行走走→攸閒優雅的享受吃喝玩樂。

護士姐姐→護士→醫師→小兒科→醫護人員。

照顧→需要被照顧→照顧服務別人。

老師→公教人員→老師→教導者→指導者→諮詢者→命理師→心理學者→因有真知卓見而形成的領袖。

洗手→五行屬水。水→自來水→水管→小水溝。

水→腎、膀胱、內分泌。

四煞同宮→波折、變壞（表面和善內心不爽）。

擎羊同宮→脾氣壞了、變成壞小孩、容易受傷、開刀。

廉貞星

一、字面推衍：

從「**廉貞**」字面聯結為，廉潔忠貞的人、寡廉鮮恥的人、兩者極端、水火不容。

廉潔忠貞的人：可以推衍類化出：警察、軍人、官員、正義之士。

寡廉鮮恥的人：當然可以推衍類化出：壞人。

水火不容：可以推衍類化出廉貞五行屬水火→水火相剋→自我矛盾→自我傷害。

火：在人體為：心氣。肝火→心氣不足。肝火上升。

水：在人體為：血→高血壓→高血脂→貧血→低血壓→血液循環問題→代謝問題→婦女病→子宮病變→流產。

二、場景設計：

作者設計的直接反應是：廉貞——警察與壞人。

接著帶出下面的場景：『警察追捕壞人，最後用電擊槍逮捕入獄。』

這個場景中關鍵的代表字有：警察→追捕→壞人→電擊槍→入獄。

只要記住這些關鍵代表字就行了，然後再依代表字的排列次序一一推衍類化出廉貞星的特質。

廉貞星
場景：[警察追捕壞人，最後用電擊槍逮捕入獄。]
壞人
警察
電擊槍
入獄

警察：推衍類化出：警察↓警務人員↓還有其他維護治安的人事物↓像檢調↓司法↓法律↓這些人好惡分明↓疾惡如仇↓而且辦事執行力強↓很有擔當↓很有膽識↓辦案時頭腦靈活↓心思細膩。

追捕：推衍類化出：警察在追犯人時跑過荒蕪空地↓果園↓菜市場↓躲到小廟裡。

壞人：推衍類化出：壞人↓罪犯↓流氓↓黑道↓這些人脾氣不好易怒↓叛逆↓是社會的毒瘤↓癌症腫瘤。

犯什麼罪？

重傷害、殺人、色、賭、軍火、走私。

色：情色行業，可以推衍類化出：桃花→性方面的問題→美的人事物→氣質美人→理容美的行業→藝術美的行業。

軍火：可以推衍類化出：重工相關的人事物。

走私：可以推衍類化出：貿易相關的人事物。

（跟什麼星在一起就犯什麼罪。在那個宮就傷那裡或者犯什麼罪。）

電擊槍：推衍類化出：與電有關的事物→電器用品→電線。

廉貞化忌：電器用品壞了→電線走火。

入獄：推衍類化出：囚禁→困→走不出來→心困住了→放不開。

廉貞化忌：變壞→犯罪→囚禁→關進去了→癌症腫瘤。

最大問題：易怒、叛逆、犯罪。

最大優勢：執行力強、有擔當。

內容精簡整理：

作者將上面推衍類化過程中所有說明的文字全部省略，直接整理出所有推衍類化的內容如下：

廉貞星：

廉貞↓廉潔忠貞的人，寡廉鮮恥的人，兩者極端、水火不容。

廉潔忠貞的人↓警察↓軍人↓官員↓一般人就是正義之士。

寡廉鮮恥的人↓壞人。

水火↓水火相剋↓自我矛盾↓自我傷害。

火↓心氣。肝火。

水↓血。

廉貞↓警察與壞人↓『警察追捕壞人，最後用電擊槍逮捕入獄。』

警察↓警務人員↓檢調↓司法↓法律↓好惡分明↓疾惡如仇↓做事執行力強↓有擔當↓有膽識↓頭腦靈活↓心思細膩。

追捕↓荒蕪空地↓果園↓菜市場↓小廟。

壞人↓罪犯↓流氓↓黑道↓脾氣不好易怒↓叛逆↓癌症腫瘤。

犯罪↓重傷害↓殺人↓色↓賭↓軍火↓走私。

色↓桃花↓性↓美的人事物↓氣質美人↓理容美的行業↓藝術美的行業。

軍火↓重工相關的人事物。

走私↓貿易相關的人事物。

（跟什麼星在一起就犯什麼罪。在那個宮就傷那裡或者犯什麼罪。）

電擊槍↓與電有關的事物↓電器用品↓電線。

廉貞化忌↓電器用品壞了↓電線走火。

入獄↓囚禁↓困↓走不出來↓心困住了↓放不開。

廉貞化忌↓變壞↓犯罪↓囚禁↓關進去了↓癌症腫瘤。

第三天課程的重點複習：

今天只要記住下面的字面及場景就可以了，不必逐字逐句的去背整個推衍類化出來的內容，只要掌握住內容的性質就可以了。

天同星：

字面「**同**」↓**資優兒童**↓『資優班兒童去旅行，有護士姐姐隨行照顧，老師說吃點心前要洗手。』

廉貞星：

字面「**廉貞**」↓廉潔忠貞的人，寡廉鮮恥的人，兩者極端、水火不容。

火：心氣。肝火。

水：血。

字面「**廉貞**」↓**警察與壞人**↓場景：『警察追捕壞人，最後用電擊槍逮捕入獄。』

第三天課程結束。

今天的課程是不是很容易記，一個聰明的小朋友：天同，一個警察兼壞人：廉貞，充分代表了天同及廉貞的特性。

下一章要進入第四天至第七天的課程，介紹紫微斗數的主星——天府星系。

前三天各位讀者已經學會了紫微星系每一顆星曜的特質，接著我們要進入天府星系的課程。經過前面的推衍類化過程，各位讀者應該已經慢慢熟悉推衍類化的方式，在後面的課程裡學習的速度會更快，各位讀者可以開始用實際的命盤來印證已經學過的部份，會加深各位對星性的了解。在印證時一定要注意每顆星曜都有正面及負面的特性，千萬不要只偏重一面，要習慣正負面特性同時考慮到，才不會「把命算錯」。

現在進入下一頁，介紹第四天的課程：天府星。太陰星。

第四天課程：天府星、太陰星

天府星

一、字面推衍：

從「府」字可以推衍出府是房子，所以五行屬土。土：在人體為：脾胃腸。消化系統。

從「天府」的字面「府」聯結到「王爺府」。

二、場景設計：

作者設計的直接反應是：府——王爺府。

接著帶出下面的場景：『王爺府蓋在山坡地上，舉辦化粧舞會，政商名流駕著馬車來參加。』

這個場景中關鍵的代表字有：王爺府↓蓋↓山坡地↓化粧舞會↓政商名流↓馬。

只要記住關鍵的代表字就行了，然後再依代表字的排列次序一一推衍類化出天府星的特質。

王爺：在位階上，可以推衍類化為：皇親國戚↓在政府中為高官↓可以再推衍類化為：王爺是有身分證明的（就是有證照）↓也就是有專業能力的↓有印信的（關防）↓也就是掌實權的↓在民間就是企業主↓老闆↓高階主管↓有權勢的↓這種位階的人在氣質上、性質上可以推衍類化為：會很自負↓但很穩重↓行事落落大方↓能力佳。

（不厭其煩再提醒各位讀者，上面的內容雖然很多，不過都是一個接著一個推衍類化出來的結果，千萬不要去硬背它們，一定要練習一個接著一個推衍類化，在實際算命時才能靈活推衍應用。）

府：推衍類化出：房子→不動產→因為是王爺所以是豪宅→大房子→高樓大廈。

府內**有金庫**→金庫裡有錢→存款→金銀珠寶→是存錢財的地方，所以還可以推衍類化為→銀樓→銀行等。

府內還有**倉庫**→倉庫裡有豐富的物資（也就是百貨，可以推衍為百貨業）。（天府星有庫藏的作用，跟什麼星在一起就藏什麼）。

蓋：推衍類化出：建築→建築業→跟建築相關的人事物。

山坡地：山、山坡地。

化粧：推衍類化出：假面具→表裡不一。

舞會：推衍類化出：具社交性→適合可以展現自己的工作。

政：推衍類化出：公家機構→辦事吹毛求疵。

商：推衍類化出：大企業家→老闆→銀行家→財經主管→管帳的職務→計較得失。

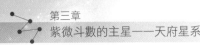

名　　流：推衍類化出：名人↓有錢人↓貴婦↓皇后↓自私吝嗇。

**馬　　**：推衍類化出：農牧業。

最大問題：自私吝嗇、表裡不一。

最大優勢：穩重、能力佳、帶財。

內容精簡整理：

作者將上面推衍類化過程中所有說明的文字全部省略，直接整理出所有推衍類化的內容如下：

天府星：

府↓房子↓五行屬土。

土：脾胃腸、消化系統。

府↓王爺府↓『王爺府蓋在山坡地上，舉辦化粧舞會，政商名流駕著馬車來參加。』

王爺↓高官↓有證照↓有專業能力↓有印信（關防）↓掌實權↓企業主↓老闆↓高

階主管→有權勢的→自負→穩重→落落大方→能力佳。

府→房子→不動產→豪宅→大房子→高樓大廈。

金庫→有錢→存款→金銀珠寶→銀樓→銀行等。

倉庫→豐富的物資→百貨→百貨業。

蓋→建築→建築業。

山坡地→山。山坡地。

化粧→假面具→表裡不一。

舞會→具社交性→適合可以展現自己的工作。

政→公家機構→辦事吹毛求疵。

商→大企業家→老闆→銀行家→財經主管→管帳的職務→計較得失。

名流→名人→有錢人→貴婦→皇后→自私吝嗇。

馬→農牧業。

太陰星

一、字面推衍：

從字面「陰」字可以聯結到：女人跟水。所以太陰五行屬水。

水：像女人的水，可以喝的水、泉水、淡水業（可以喝的水）、淡水漁業。

在人體上是腎、膀胱。可以再由腎推衍出：（後面的部份比較不一樣，要特別記住）女性會有婦女病、女冷底、男性會有腎水不足。腎還會影響皮膚、頭髮的品質。膀胱推衍出：糖尿病、拉肚子、疝氣。

陰：推衍類化出：晚上↓夜（夜班，夜校，夜店）↓月亮↓陰廟。

太陰代表女人，所以依「女人」設計下列的場景。

二、場景設計：

作者設計的直接反應是：太陰——氣質美女。

太陰星
場景：[海邊別墅，氣質美女的一天。早上；打掃清潔，整理房子，記帳。
下午；悠閒的畫畫，斜躺在沙發椅上看書、聽音樂、喝咖啡。
晚上；打扮的美美的，穿的漂漂亮亮的，開賓士車或搭計程車去酒店的餐廳用餐。
睡覺；12點以後上床睡覺。]
別墅
海
早上
下午
晚上
酒店
西餐廳
打掃
畫畫
打扮
漂漂亮亮
記帳
看書
喝咖啡
賓士車

接著帶出下面的場景：

『海邊別墅，氣質美女的一天。』

『早上：打掃清潔、整理房子、記帳。』

『下午：悠閒的畫畫、慵懶的躺在沙發上看書、聽音樂、喝咖啡。』

『晚上：打扮的美美的，穿的漂漂亮亮的，開賓士車或搭計程車去酒店的餐廳用餐。』

『睡覺：十二點以後上床睡覺。』

關鍵的代表字有：

海邊→別墅→氣質美女→一天→打掃

清潔→整理→記帳→畫畫→慵懶的→沙發→看書→聽音樂→咖啡→打扮→穿→賓士車→酒店→餐廳→十二點以後。

同樣只要記住關鍵的代表字就行了，然後再依代表字的排列次序一一推衍類化出太陰星的特質。

海邊：可以推衍類化出：跟海邊相關的人事物→海岸→沙灘→海水浴場→近海海域→近海漁業→近海漁民→海產→海產店。

別墅：可以推衍類化出：跟房子相關的行業→房地產→出租業→室內設計→庭園設計等。（因為太陰是文星所以偏向文職的不動產相關工作。）

氣質：可以推衍類化出：具有教養柔弱的風格→溫文儒雅→秀外慧中→多愁善感→男秀氣→女嬌羞。

美女：可以推衍類化出：各種女性的角色→母親→女兒→太太→女相士→女護士→或專屬女性的行業→或者像女人的男人。

『早上：打掃清潔、整理房子、記帳。』

打掃清潔：喜歡乾乾淨淨的，推衍類化出：清潔工作→清潔用品→衛浴廁所→有潔癖→甚至龜毛。

整　理：喜歡整整齊齊，推衍類化出：有秩序→甚至有強迫症。

記　帳：可以推衍類化出：穩定的理財方式→存錢→財星，積蓄成富→小資男女→財會人員。

『下午：悠閒的畫畫、慵懶的躺在沙發上看書、聽音樂、喝咖啡。』

畫　畫：具有藝術天份，推衍類化出：藝術→美工→相關的人事物→美術館→畫廊等。

慵懶的：慵懶的氣質，推衍類化出：依賴性強→沒魄力。

沙　發：推衍類化出：沙發椅→高級床具。

書　：跟讀書教學相關的人事物，可以推衍類化出：文學→教學→文教相關人事物→文教業→學校→補習班→文教人員等。

聽音樂：推衍類化出：音樂→音樂會→悠閒優雅的生活。

咖啡：推衍類化出：咖啡→咖啡廳→泡沫紅茶→啤酒。

『晚上：打扮的美美的，穿的漂漂亮亮的，開賓士車或搭計程車去酒店的餐廳用餐。』

打扮：喜歡美美的，可以推衍類化出：化粧→保養→化粧用品→保養用品→還有跟化粧保養相關的人事物→美粧彩粧等。

穿：講究穿著，可以推衍類化出：衣著講究→服裝設計→佩戴用品。

賓士車：推衍類化出：賓士車→高級轎車。

酒店：推衍類化出：高級酒店→MOTEL→甚至可以推衍為幽會。

餐廳：推衍類化出：高級西餐廳→飲食店。

『睡覺：十二點以後上床睡覺。』

十二點以後：推衍類化出：夜貓子↓熬夜。

太陰落陷化忌：只想要但不動手。

最大問題：依賴。沒魄力。

最大優勢：安定。

內容精簡整理：

作者將上面推衍類化過程中所有說明的文字全部省略，直接整理出所有推衍類化的內容如下：

太陰星：

陰↓女人跟水↓五行屬水。

水↓可以喝的水、泉水、淡水業（可以喝的水）、淡水漁業。

↓腎、膀胱、婦女病、女冷底、腎水不足、皮膚、頭髮、糖尿病、拉肚子、疝氣。

陰↓晚上↓夜（夜班、夜校、夜店）↓月亮↓陰廟。

太陰→氣質美女→『海邊別墅，氣質美女的一天。』

『早上：打掃清潔、整理房子、記帳。』

『下午：悠閒的畫畫、慵懶的躺在沙發上看書、聽音樂、喝咖啡。』

『晚上：打扮的美美的，穿的漂漂亮亮的，開賓士車或搭計程車去酒店的餐廳用餐。』

『睡覺：十二點以後上床睡覺。』

海邊→海岸→沙灘→海水浴場→近海海域→近海漁業→近海漁民→海產→海產店。

別墅→房地產→出租業→室內設計→庭園設計等。

氣質→溫文儒雅→秀外慧中→多愁善感→男秀氣→女嬌羞。

美女→各種女性的角色→母親→女兒→太太→女相士→女護士→或專屬女性的行業→或者像女人的男人。

早上：

打掃清潔→清潔工作→清潔用品→衛浴廁所→有潔癖→甚至龜毛。

整理→有秩序→甚至有強迫症。

記帳→穩定的理財方式→存錢→財星，積蓄成富→小資男女→財會人員。

下午：

畫畫→藝術天份→藝術→美工→美術館→畫廊等。

慵懶的→慵懶的氣質→依賴性強→沒魄力。

沙發椅→沙發椅→高級床具。

書→文學→教學→文教→文教業→學校→補習班→文教人員等。

聽音樂→音樂→音樂會→悠閒優雅的生活。

咖啡→咖啡廳→泡沫紅茶→啤酒。

晚上：

打扮→喜歡美美的→化粧→保養→化粧用品→保養用品→美粧彩粧等。

穿→衣著講究→服裝設計→佩戴用品。

賓士車→高級轎車。

酒店→高級酒店→MOTEL→幽會。

餐廳→高級西餐廳→飲食店。

睡覺：

十二點以後→夜貓子→熬夜。

太陰落陷化忌→只想要但不動手。

第四天課程的重點複習：

今天只要記住下面的字面及場景就可以了，不必逐字逐句的去背整個推衍類化出來的內容，只要掌握住內容的性質就可以了。

天府星：

字面「府」↓房子↓五行屬土。

土：脾胃腸、消化系統。

字面「府」↓**王爺府**↓場景：『王爺府蓋在山坡地上，舉辦化粧舞會，政商名流駕著馬車來參加。』

太陰星：

字面「陰」↓**水**↓可以喝的水、泉水、淡水業。

↓腎、膀胱、婦女病、女冷底、腎水不足、皮膚、頭髮、糖尿病、拉肚子、疝氣。

字面「陰」↓晚上↓夜↓月亮↓陰廟。

字面「太陰」↓氣質美女↓場景：

『海邊別墅，氣質美女的一天。』

『早上：打掃清潔、整理房子、記帳。』

『下午：悠閒的畫畫、慵懶的躺在沙發上看書、聽音樂、喝咖啡。』

『晚上：打扮的美美的，穿的漂漂亮亮的，開賓士車或搭計程車去酒店的餐廳用餐。』

『睡覺：12點以後上床睡覺。』

第四天課程結束。今天作者介紹了兩個人，一位是王爺府裡的王爺（女性則是夫人）：天府，另一位是別墅裡的氣質美女：太陰。

第五天課程：貪狼星、巨門星

貪狼星

一、字面推衍：

從字面「貪」聯結到：貪慾。是慾望很強的一顆星。

貪：可以推衍類化出：貪慾（在那裡就貪那裡，跟那顆星在一起就貪那顆星）↓就是想要利↓只要自己有利就好了↓自私自利↓唯利是圖↓為了得到利益它什麼都敢↓敢不擇手段↓甚至會投機↓個性當然強↓企圖心也強。

逢擎羊陀羅化忌就等於是被壞人帶去做壞事了，會有↓惡習↓叛逆↓違法犯紀。

從「貪慾」可以推衍類化出「賭城拉斯維加斯」，所以設計出下列的場景。

二、場景設計：

作者設計的直接反應是：貪——賭——賭城拉斯維加斯。

接著帶出下面的場景：『拉斯維加斯的夜生活。酒店前面有噴泉，棕櫚樹。賭客在求偏財。警察在維護治安。』

這個場景中關鍵的代表字有：拉斯維加斯的夜生活↓酒店↓噴泉，棕櫚樹↓賭客求偏財↓警察。

只要記住關鍵的代表字就行了，然後再依代表字的排列次序一一推衍類化出貪狼星的特質。

拉斯維加斯的夜生活，我們可以知道那個場景是：『燈紅酒綠、八大行業、酒色財氣。』

燈紅酒綠：充滿色彩→熱鬧→重口味的生活。

八大行業：視聽歌唱→舞廳→舞場→酒家→酒吧→特種咖啡茶室業→理髮→三溫暖。

酒——喝酒：推衍類化出：喝酒→各類酒品→餐飲。

色——情色：推衍類化出：色情行業→風塵女子→風化場所→野桃花→桃花劫。

財——偏財：推衍類化出：博奕財→投機財→機會財→高風險理財→證券公司→期貨市場→甚至以不當方式取財→詐財、大輸大贏、大起大落。

氣——氣質：推衍類化出：打份穿戴屬於美艷型的→艷麗→華麗→可以增加氣質美艷的事物→穿搭設計→華麗的服飾→華麗的飾品→美粧彩粧→美容→美容院→還有很多可以推衍類出來的→美甲業→美睫業等。（跟太陰的打扮不一樣，太陰比較柔和。廉貞則是氣質）

酒　店：關於酒的部份上面已有提到，不再重覆。酒店內還有各種表演藝術，可以推衍類化出：演藝人員→表演→表現展現才藝才華→舞台相關人事物→樂器伴奏→編舞→舞台設計等→還可以推衍為藝術界人士。

噴泉、棕櫚樹：推衍類化出：水跟木。所以貪狼五行屬水木。

水：在人體上為腎、膀胱、性器官（貪狼跟情色有關）。

木：大樹、原料、建材、木製品、木製傢俱。（天機屬造紙的原料）在人體為肝膽。

賭客求偏財：依求偏財的方式可以推衍類化出：求己（改變自身磁場）、求人、求神、求鬼。

求己（改變自身磁場）：可以推衍類化出：練氣功來提高磁場→氣功館→打坐→可以推衍類化為瑜珈。

求人：從求那些人，可以推衍類化出：求命理師→通靈人士（會通靈）→乩童→巫師→或者法術等→可以推衍為五術。

求神：推衍類化出：廟宇→宗教→神仙→狐仙→跟神溝通。

求　鬼：推衍類化出：墳墓↓靈骨塔。

警　察：推衍類化出：警察↓警界人士↓警局↓教化工作。

最大問題：貪。自私自利。

最大優勢：企圖心強。敢。

內容精簡整理：

作者將上面推衍類化過程中所有說明的文字全部省略，直接整理出所有推衍類化的內容如下：

貪狼星：

貪↓貪慾↓就是想要利↓自私自利↓唯利是圖↓敢↓不擇手段↓投機↓個性強↓企圖心強。

逢擎羊陀羅化忌↓惡習↓叛逆↓違法犯紀。

貪↓賭↓『拉斯維加斯的夜生活，酒店前面有噴泉、棕櫚樹。賭客在求偏財，警察在維護治安。』

拉斯維加斯的夜生活↓燈紅酒綠、八大行業、酒色財氣。

燈紅酒綠↓充滿色彩↓熱鬧↓重口味的生活。

八大行業↓視聽歌唱↓舞廳↓舞場↓酒家↓酒吧↓特種咖啡茶室業↓理髮↓三溫暖。

酒↓喝酒↓各類酒品↓餐飲。

色↓情色↓色情行業↓風塵女子↓風化場所↓野桃花↓桃花劫。

財↓偏財↓博奕財↓投機財↓機會財↓高風險理財↓證券公司↓期貨市場↓不當方式取財↓詐財、大輸大贏、大起大落。

氣↓氣質↓美艷型的↓艷麗↓華麗↓華麗的服飾↓華麗的飾品↓穿搭設計↓美粧彩粧↓美容↓美容院↓美甲業↓美睫業等。（跟太陰的打扮不一樣，太陰比較柔和。廉貞則是氣質）

酒店↓各種表演藝術↓演藝人員↓表演↓表現展現才藝才華↓舞台相關人事物↓樂

器伴奏→編舞→舞台設計等→藝術界人士。

噴泉、棕櫚樹→水、木。

水：腎、膀胱、性器官。

木：大樹、原料、建材、木製品、木製傢俱、肝膽。

賭客求偏財→求己（改變自身磁場）、求人、求神、求鬼。

求己（改變自身磁場）→氣功→氣功館→打坐→瑜珈。

求人→命理師→通靈人士（會通靈）→乩童→巫師→法術等→五術。

求神→廟宇→宗教→神仙→狐仙→跟神溝通。

求鬼→墳墓→靈骨塔。

警察→警界人士→警局→警車等→教化工作。

巨門星

一、字面推衍：

從字面「巨」可以聯結到：大↓大嘴巴↓口。

大嘴巴：可以推衍類化出：三姑六婆↓就是愛說八卦↓愛說話↓亂說話↓說話苛薄↓常造成誹謗↓惹來口舌是非↓甚至爭吵。

口　：可以推衍類化出：愛吃東西↓愛亂吃↓愛吃零食↓跟吃相關的行業↓試吃員等↓還有動口說話的行業（律師↓老師↓演講者↓主持人↓名嘴↓廣播↓推銷↓業務員等）。

在人體上指：口腔↓食道。

從字面「門」字可以推衍類化出：六扇門：專門、暗門、偏門、後門、闖空門，再加一個門診，總共變成六門。

（特別提醒讀者：巨門這顆星往往會讓人忘了「六門」的特質，在算命時大部份人只知道「巨門是口舌是非」，而「六門」的特質往往都忘了提到，所以，各位讀者一定要特別記住，巨門還有「六門」的特質。）

專　門：由專字推衍類化出：具有專長↓專業人士↓對某方面研究↓研發人員↓文化界↓出版。（所以巨門並不是只有口舌是非而已，它也可能是有專長的專家。）

暗　門：由暗字推衍類化出：看不清楚或看不見↓狀況灰暗不明↓在身體上精氣神灰暗（不正常）不能維持神清氣爽↓心情灰暗憂鬱↓憂鬱症↓在疾病上叫做暗病（不可告人者）↓平常看不出來，突然就發生了↓在地物上可以推衍類化為：雜亂陰暗處↓像地下室↓下水道等。（巨門化氣為暗就是指這些特質）

從「下水道」推衍類化出：水。所以巨門的五行屬水。（較髒的水）。在人體上是排泄系統、膀胱、腎、脾胃（愛吃，吃太多了）。

偏　門：偏的，所以推衍類化出非經常性的情形：佣金。

後　門：推衍類化出：走後門給紅包↓賄賂。

闖空門：推衍類化出：小偷↓失竊↓走失↓誘拐。

門　診：西醫↓西藥↓醫院。

從大嘴巴的「口舌是非誹謗」推衍出「上法院」，所以設計出下列的場景。

二、場景設計：

作者設計的直接反應是：巨——大嘴巴口舌是非誹謗——上法院。

接著帶出下面的場景：『上法院，問鬼神吉凶。』

這個場景中關鍵的代表字有：法院→鬼神。

只要記住關鍵的代表字就行了，然後再依代表字的排列次序一一推衍類化出巨門星的特質。

法院：法院裡有壞人、律師、法官。

壞人：推衍類化出：犯法→有官司→個性不好→很善變→尖酸刻薄→作奸犯科→違法亂紀→惹是生非→惹麻煩。

從暗門推衍：來陰的→欺善怕惡的小人→以小人之心度君子之腹，多疑。

律師：推衍類化出：口才犀利→善辯→愛辯→狡辯→據理力爭→得理不饒人。

法官：推衍類化出：跟法律司法有關的人事物→檢調警人員或者事物。

鬼神：推衍類化出：跟宗教有關→宗教（不太一樣的）→偏向跟陰的暗的有關的人，像地理師→道士→鬼魂→墳場。

巨門通常都不說好聽話，但化祿化權時會說好話。

巨門化祿：說好話。

巨門化權：說話有威信，有說服力。

巨門化忌：說話很難聽，不說實話。

最大問題：惹禍、犯罪、說話尖酸苛薄。

最大優勢：專門、專業。

內容精簡整理：

作者將上面推衍類化過程中所有說明的文字全部省略，直接整理出所有推衍類化的內容如下：

巨門星：

巨↓大↓大嘴巴↓口。

大嘴巴↓三姑六婆↓八卦↓愛說話↓亂說話↓說話苛薄↓誹謗↓口舌是非↓爭吵。

口↓愛吃↓亂吃↓吃零食↓跟吃相關的行業↓試吃員等↓還有動口說話的行業↓律

師↓老師↓演講者↓主持人↓名嘴↓廣播↓推銷↓業務員。
↓口腔↓食道↓胃腸。

門↓六扇門↓專門、暗門、偏門、後門、闖空門、門診。

專門↓具有專長↓專業人士↓研究↓研發↓文化界↓出版。

暗門↓看不清楚或看不見↓狀況灰暗不明↓精氣神灰暗（不正常）↓心情灰暗憂鬱↓憂鬱症↓暗病（不可告人者）↓平常看不出來，突然就發生了↓雜亂陰暗處↓地下室↓下水道等。

下水道↓五行屬水。排泄系統、膀胱、腎。

偏門↓佣金。

後門↓紅包↓賄賂。

闖空門↓小偷↓失竊↓走失↓誘拐。

門診↓西醫↓西藥↓醫院。

巨↓大嘴巴誹謗↓上法院↓『上法院，問鬼神吉凶。』

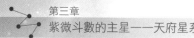

法院↓壞人↓律師↓法官。

壞人↓犯法↓有官司↓個性不好↓很善變↓尖酸刻薄↓作奸犯科↓違法亂紀↓惹是生非↓來陰的↓欺善怕惡的小人↓多疑。

律師↓口才犀利↓善辯↓愛辯↓狡辯↓據理力爭↓得理不饒人。

法官↓跟法律司法有關的人事物↓檢調警人員或者事物。

鬼神↓宗教（不太一樣的）↓地理師↓道士↓鬼魂↓墳場。

巨門化祿↓會說話，說好話。

巨門化權↓說話有威信，有說服力。

巨門化忌↓說話很難聽，不說實話。

第五天課程的重點複習：

今天只要記住下面的字面及場景就可以了，不必逐字逐句的去背整個推衍類化出來的內容，只要掌握住內容的性質就可以了。

貪狼星：

字面「貪」↓貪慾。

字面「貪」↓賭↓『拉斯維加斯的夜生活。酒店前面有噴泉、棕櫚樹。賭客在求偏財，警察在維護治安。』

噴泉、棕櫚樹↓水。木。

水：腎。膀胱。性器官。

木：大樹、原料、建材、木製品、木製傢俱。肝膽。

巨門星：

字面「巨」↓大↓大嘴巴↓口。

字面「門」↓六門↓專門、暗門、偏門、後門、闖空門、門診。

暗門↓下水道↓水。排泄系統、膀胱、腎、脾胃。

字面「巨、↓大嘴巴誹謗↓**上法院**↓場景：『上法院，問鬼神吉凶。』

第五天課程結束。今天作者介紹了兩個地方，一個是拉斯維加斯（美國賭城）：貪狼，一個是法院：巨門。如果讀者對拉斯維加斯不熟悉的話，趕快去看旅遊資訊裡的介紹。

第六天課程：天相星、天梁星

天相星

一、字面推衍：

從「相」字聯結到「宰相」，從宰相正面的意義來看：「剷奸除惡，濟弱扶傾」，為人「正直、正義、正派」。

宰相：推衍類化出：在位階上是高官↓當然要經過冊封↓可以推衍出↓有證書↓有證照↓在職務上是掌印信有實權的。

宰相在生活上當然是食衣住祿無憂。

食：推衍類化出：挑食者（重品味）↓跟吃相關的人事物或行業。

衣：推衍類化出：注重裝扮（重品味）↓跟服飾相關的人事物或者行業。

住：推衍類化出：會有自己的房子。

天相星
場景:［商鞅變法，在瀑布旁邊制訂治國良方。］
瀑布
商鞅
制訂良方

祿：推衍類化出：有財運→會有賺錢的本領。

二、場景設計：

作者設計的直接反應是：相——宰相——商鞅。

接著帶出下面的場景：『商鞅變法，在瀑布旁制訂治國良方。』

（說明：商鞅是中國歷史上戰國時期，協助秦國國君制訂新的法律，雷厲風行，將秦國從弱小國家銳變為強國的大功臣，史稱「商鞅變法」。後來才有秦滅六國統一中國，出現中國歷史上的第一位皇帝——

秦始皇！）

這個場景中關鍵的代表字有：商鞅→瀑布→制訂→治國→良方。

只要記住關鍵的代表字就行了，然後再依代表字的排列次序一一推衍類化出天相星的特質。

商　鞅：從商鞅的為人品德及行事作為推衍類化出：

為人品德：從他為國家推動變法來看，他對國君非常的忠誠→一生行事規規矩矩→絕對守法守信→正直正派→可以依此再推衍出→適合正直的工作，如稽核→會計財務→親信→以及代表信用的人事物→支票→信用狀等。

從他為國為民的角度來看，可以推衍出他有→惻隱之心→同情心（也容易被騙，在感情就不妙了）→喜助人→熱心→幫助弱者→喜歡做好事。

在說話上只會說有意義的話，有幫助的話，說好話，可以推衍為→和事佬→中間人→仲裁者→業務員。

行事作為：從他成功推動變法來看，可以推衍出：有相當的能力→很有魄力→有執行力→嚴刑峻法→講求效率→堅持→盡責→任勞任怨→有時甚至會吹毛求疵→龜毛。

為人風格總結：內柔外剛，外權內靈。

（再提醒各位讀者：不必刻意去背上面這些內容，只要記他推動變法很有魄力就行了，其他的特質就可以從有魄力推衍出來。）

瀑布：推衍類化出：水。天相的五行屬水：噴水池、瀑布（有氣勢的水）。在人體是膀胱、腎、（下面這個部份比較不一樣，要特別記住）糖尿病、皮膚、過敏。

制訂：當然是制訂一些法律規定，可以推衍類化出：法律→法規→規章→制度等。

治國：治理國家的人，維持國家運作的人，可以推衍類化出：民意代表→政治人物→警察→公務人員等。

良方：治亂世用重典，以毒攻毒，可以推衍類化出：醫藥→農藥→化工藥品。

遇壞人羊陀：有一技之長、有官司、被騙。

遇壞人火鈴：（水火剋）橫禍、傷殘。

最大問題：嚴、龜毛。

最大優勢：執行力強、有擔當。

內容精簡整理：

作者將上面推衍類化過程中所有說明的文字全部省略，直接整理出所有推衍類化的內容如下：

天相星：

相→宰相→剷奸除惡→濟弱扶傾→正直→正義→正派。

宰相→高官→證書→證照→有實權。

食→挑食者（重品味）→跟吃相關的人事物或行業。

衣→注重裝扮（重品味）→跟服飾相關的人事物或者行業。

住↓房子。

祿↓有財運↓有賺錢的本領。

相↓宰相↓商鞅↓『商鞅變法，在瀑布旁制訂治國良方。』

商鞅↓為人品德。行事作為。

為人品德↓忠誠↓規規矩矩↓守法守信↓正直正派↓正直的工作↓稽核↓會計財務↓親信↓支票↓信用狀等。

↓惻隱之心↓同情心↓喜助人↓熱心↓幫助弱者↓喜歡做好事。

↓說有意義的話↓有幫助的話↓說好話↓和事佬↓中間人↓仲裁者↓業務員。

行事作為↓能力↓魄力↓執行力↓嚴刑峻法↓效率↓堅持↓盡責↓任勞任怨↓吹毛求疵↓龜毛。

為人風格總結：內柔外剛，外權內靈。

瀑布↓水↓五行屬水↓噴水池、瀑布。↓膀胱、腎、糖尿病、皮膚、過敏。

制訂↓法律↓法規↓規章↓制度等。

治國↓民意代表↓政治人物↓警察↓公務人員等。

良方↓醫藥↓農藥↓化工藥品。

遇羊陀↓一技之長↓官司↓被騙。

遇火鈴↓橫禍、傷殘。（水火剋）

天梁星

一、字面推衍：

從字面「梁」可以聯結到：「梁山好漢」。

從「梁山好漢」設計出下列場景。

二、場景設計：

作者設計的直接反應是：梁——梁山好漢——去上課。

接著帶出下面的場景：『梁山好漢去上課，老師認真講課，好漢們做自己的事，還蹺課到老廟玩。』

這個場景中關鍵的代表字有：梁山↓老師↓認真↓講課↓好漢們做自己的事↓蹺課↓老廟。

只要記住關鍵的代表字就行了，然後再依代表字的排列次序一一推衍類化出天梁星

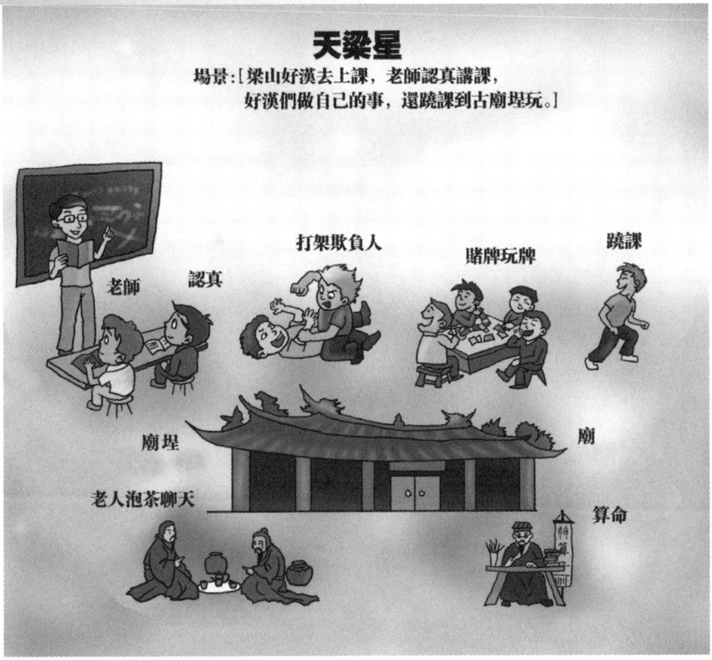

的特質。

梁山：有山，可以推衍出：↓天梁五行屬土。

土：在人體是脾胃腸、消化系統。

老師：分別從老師的工作性質、位階、及個性，可以推衍類化出：

在職業上↓是公教人員↓文化出版界↓是有師字輩的職業↓老師↓律師↓代書↓工程師↓中醫師↓藥劑師↓地理師……等等↓有證照↓資格證明的。

在位階上↓老師是帶領或管理一個班級的領頭人物，可以推衍類化為：帶頭的人↓管人的人↓上司↓上級主管↓領隊等。

在個性上↓當老師的人，當然會比較自以為有水準，可以推衍類化為：清高↓有傲氣↓穩重老成↓個性溫和↓心直善良↓老大姐↓喜助人↓雞婆。

在人體上↓老師是領頭的人，所以在人體上則代表頭（腦瘤）。

認真：推衍類化出：行事認真↓負責↓執著不放棄。

講課：推衍類化出：能言善辯↓在講台上訓示↓教導↓在工作上可推衍為：業務員↓在台上推銷的行業↓行銷↓傳直銷等。

好漢們做自己的事：

墮落：推衍類化出：偷搶拐騙↓色賭霸凌。

色：推衍類化出：情色。

賭：推衍類化出：賭博（有羊陀忌）↓股票↓麻將↓老人型↓破財（有空劫）。

霸凌：推衍類化出：傷害↓血光。（有羊陀忌）。

蹺課：推衍類化出：跑路↓逃避。

老廟：推衍類化出：有歷史的東西→老的東西→古厝→別墅（孤單型房子、清高型房子）

廟裡：可以推衍類化出跟廟有關的人事物：神明→宗教→算命（五術、地理師）。

廟前：在廟前經常可以看到在老樹下有老人家在泡中藥茶，閒聊。

老人：推衍類化出：年長者→長輩→長壽的人→老人家總是固執的→也會比較孤獨→跟老人相關的人事物→老人院等。

中藥茶：推衍類化出：中醫→藥劑師→中藥店→老人茶。

閒聊：推衍類化出：悠閒→吹牛（想當年……）→倚老賣老→自以為是。

最大問題：清高。傲氣。悠閒。

最大優勢：堅忍。福氣。

內容精簡整理：

作者將上面推衍類化過程中所有說明的文字全部省略，直接整理出所有推衍類化的內容如下：

天梁星：

梁→梁山好漢→『梁山好漢去上課，老師認真講課，好漢們做自己的事，還蹺課到老廟玩。』

梁山→五行屬土。

土→脾胃腸、消化系統。

老師→在職業上→公教人員→文化出版界→師字輩的職業→老師→律師→代書→工程師→中醫師→藥劑師→地理師→等等→有證照→資格證明的。

在位階上→帶頭的人→管人的人→上司→上級主管→領隊等。

在個性上→清高→傲氣→穩重老成→個性溫和→心直善良→老大姐→喜助人→雞婆。

在人體上→頭（腦瘤）。

認真→行事認真→負責→執著不放棄。

講課↓能言善辯↓訓示↓教導↓業務員↓行銷↓傳直銷等。

好漢們做自己的事：

墮落↓偷搶拐騙↓色賭霸凌。

色↓情色。

賭↓賭博↓股票↓麻將↓老人型↓破財。

霸凌↓傷害↓血光。

蹺課↓跑路↓逃避。

老廟↓有歷史的東西↓老的東西↓古厝↓別墅（孤單型房子、清高型房子）。

廟裡↓神明↓宗教↓算命（五術、地理師）。

廟前↓老人↓年長者↓長輩↓長壽↓固執↓孤獨↓老人院等。

中藥茶↓中醫↓藥劑師↓中藥店↓老人茶。

閒聊↓悠閒↓吹牛（想當年……）↓倚老賣老↓自以為是。

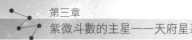

第六天課程的重點複習：

今天只要記住下面的字面及場景就可以了，不必逐字逐句的去背整個推衍類化出來的內容，只要掌握住內容的性質就可以了。

天相星：

字面「**相**」→**宰相**→食衣住祿。

字面「**相**」→**宰相**→商鞅→場景：『商鞅變法，在瀑布旁制訂治國良方。』

瀑布→**水**→噴水池、瀑布。

水→膀胱、腎、糖尿病、皮膚、過敏。

天梁星：

字面「**梁**」→梁山好漢→場景：『梁山**好漢**去上課，**老師**認真講課，好漢們做自己的事，還蹺課到**老廟**玩。』

梁山↓土↓脾胃腸。消化系統。

第六天課程結束。今天介紹了兩個人，一位是中國歷史上秦國的宰相商鞅：天相，一位是在放牛班上課的老師：天梁。不了解商鞅的讀者可以去看看「大秦帝國」這部片子，或者上網查查商鞅都做了什麼事，會讓你更了解天相的本質。

七殺星

一、字面推衍：

從字面「殺」字：可以聯結、推衍類化出：冷面殺手→流氓→黑道→屠宰（在那裡就殺那裡）→冷面殺手出手快→毫不猶豫→反應冷硬→當然無情。

從字面「殺」字：可以推衍類化出：冷硬的七殺五行屬金。

金在人體是肺、氣管、呼吸系統、（下面這個很特別，要特別記住）陽痿、早洩。

從字面「殺」字：可以聯結到「戰爭」的場景，緊張的情形容易造成心臟問題。所以，七殺在人體上代表心臟、呼吸系統、肺、氣管、還有陽痿、早洩。

二、生活場景設計：

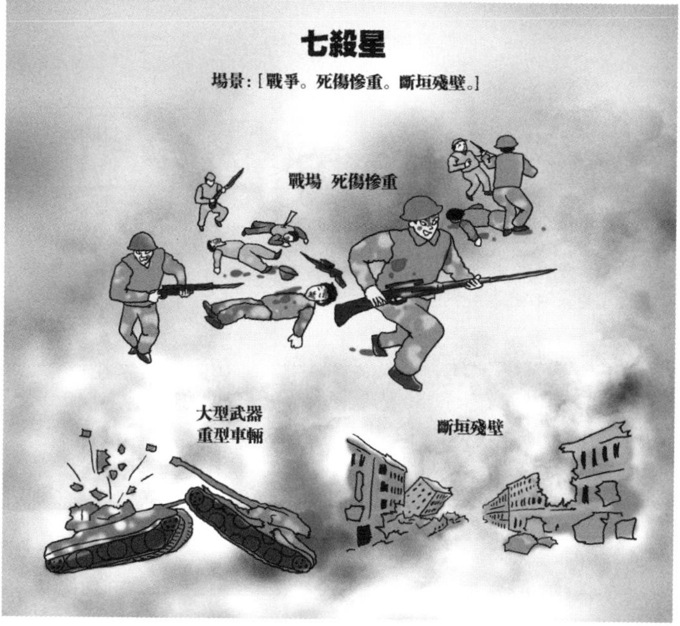

作者設計的直接反應是：殺——戰爭。

接著帶出下面的場景：『戰爭。死傷慘重。斷垣殘壁。』

這個場景中關鍵的代表字有：戰爭↓死↓傷↓斷垣殘壁。

只要記住關鍵的代表字就行了，然後再依代表字的排列次序一一推衍類化出七殺星的特質。

戰爭：推眼類化出：苦悶的戰爭↓師出有名↓正義↓戰場↓將軍↓軍人↓武器↓兩軍衝殺↓殺的你死我活↓耗盡財物。

戰場：推衍類化出：一塊高地↓或者

廣闊的地方↓在都市裡可以說是公共場所↓或者大型商場↓大賣場↓商業區。

將　軍：依將軍的特質，可以推衍類化出：帶頭往前衝的人↓有衝勁↓有魄力↓勇敢↓不怕艱難↓堅強↓強硬↓果斷↓有擔當↓不喜歡被管↓在商場是打頭陣的創業家。

（再提醒各位讀者：每次有這種比較多特質的情形，作者都要提醒各位讀者不必刻意去背每一個特質，只要知道主要的特質就可以了，其他的都可以在算命時依當時的狀況靈活的推衍出來。）

軍　人：推衍類化出：軍警↓跟軍警相關的人事物。

武　器：推衍類化出：刀↓槍↓重裝備↓可以再推衍到相關的事物↓重機械↓重金屬↓重工業↓鋼鐵工業↓高科技↓跟刀鐵相關的人事物↓重機相關的人事物↓戰車↓推衍到火車↓高鐵↓捷運↓列車↓台車↓推土機↓四具

強烈殺傷力的人事物等。

兩軍衝殺：推衍類化出：攻擊→勇於冒險的人→在商場是創業→生意人→業務員。

殺的你死我活：推衍類化出：很拚→拚命→很狠→好爭勝（在那裡爭那裡）。

耗盡財物：戰爭像燒錢，可以推衍出：花錢出手快。

死：死了入忠烈祠，推衍類化出：忠烈祠→廟。

傷：推衍類化出：刑傷→血光→會痛苦→會吃苦→會苦悶→送醫。

斷垣殘壁：推衍類化出：破敗→帶來災難。

逢煞星：逢四煞忌就被壞人帶壞了，變成壞人→會刑傷→血光→惹官非。

最大問題：硬。冷。好爭勝。

最大優勢：執行力強。有擔當。

內容精簡整理：

作者將上面推衍類化過程中所有說明的文字全部省略，直接整理出所有推衍類化的內容如下：

七殺星：

殺↓冷面殺手↓流氓↓黑道↓屠宰↓出手快↓毫不猶豫↓反應冷硬↓無情。

殺↓五行屬金。

金↓肺、氣管、呼吸系統、陽痿、早洩。

殺↓戰爭↓心臟。

殺↓戰爭↓『戰爭。死傷慘重。斷垣殘壁。』

戰爭↓苦悶、師出有名、正義、戰場、將軍、軍人、武器、兩軍衝殺、殺的你死我活、耗盡財物。

戰場↓高地↓廣闊的地方↓公共場所↓大型商場↓大賣場↓商業區。

將軍↓帶頭往前衝的人↓衝勁↓魄力↓勇敢↓不怕艱難↓堅強↓強硬↓果斷↓擔當↓不喜歡被管↓創業家。

軍人↓軍警↓跟軍警相關的人事物。

武器↓刀↓槍↓重裝備↓重機械↓重金屬↓重工業↓鋼鐵工業↓高科技↓跟刀鐵相關的人事物↓重機相關的人事物↓戰車↓推衍到火車↓高鐵↓捷運↓列車↓台車推土機↓且強烈殺傷力的人事物等。

兩軍衝殺↓攻擊↓創業↓生意人↓業務員↓勇於冒險的人。

殺的你死我活↓很拚↓拚命↓好爭勝（在那裡爭那裡）。

耗盡財物↓花錢出手快。

死↓死了入忠烈祠↓忠烈祠↓廟。

傷↓刑傷↓血光↓痛苦↓吃苦↓送醫。

斷垣殘壁↓破敗↓帶來災難。

逢四煞化忌↓變成壞人↓會刑傷↓血光↓惹官非。

破軍星

一、字面推衍：

從字面「破」字聯結到：「破銅爛鐵」。破：在那裡就破那裡。

從字面「破」字推衍出：破敗。破壞。突破。

從「破銅爛鐵」可以設計出「垃圾」的場景。

二、生活場景設計：

作者設計的直接反應是：破——破銅爛鐵——垃圾。

接著帶出下面的場景：『大海邊的垃圾場、資源回收場，垃圾車進進出出，張飛在管理。』

這個場景中關鍵的代表字有：大海邊→垃圾→資源回收→垃圾車→張飛。

只要記住關鍵的代表字就行了，然後再依代表字的排列次序一一推衍類化出破軍星

破軍星
場景：[大海邊的垃圾場、資源回收廠，
垃圾車進進出出。張飛在管理。]
垃圾場
大海
張飛
資源回收廠
垃圾車

的特質。

大海邊：推衍類化出：與大海有關的人事物↓大海↓遠洋↓過海水的↓海外↓遠洋漁業↓海運等。

可以推衍出破軍的五行屬水。大海的水。

水：排水管↓水電業↓水電技術員↓水電工程。

水：在人體是腎、膀胱、排泄系統、小腹、（下面這個部份要特別記住了）男精女帶、性不潔、心臟血管。

垃圾：推衍類化出：用過不要的東西↓消耗掉的東西↓壞掉的東西↓破壞掉的

東西↓與破銅爛鐵有關的人事物↓髒亂↓雜亂↓混亂↓菜市場↓南北雜貨↓化學↓雜項業務↓雜項事物↓總務↓亂七八糟的東西↓什麼都可以不挑。

資源回收：推衍類化出：壞的再利用↓重建創新↓開創新局↓突破↓從現況中做出改變↓與開發創新有關的人事物↓與資源回收有關的人事物。

垃圾車：推衍類化出：大卡車↓大貨車↓貨櫃車↓連結車。

張　飛：（張飛是中國歷史三國時期，跟劉備、關公結為兄弟，史上稱為桃園三結義。個性衝動、魯莽，經常壞事，但勇敢善戰。）

依張飛的個性推衍類化出：很有衝勁↓敢作敢當↓但是衝動↓不聽話經常亂來↓想到就做↓經常突發奇想↓成事不足敗事有餘↓破壞力十足↓破壞性強的人事物↓地震↓海嘯↓或是個性不好的人↓流氓↓壞人↓經常亂來的人↓行事隨性隨便↓什麼都好↓什麼都可以↓好口慾不挑食不挑人。

最大問題：衝動魯莽壞事、破壞的力量。

最大優勢：衝勁、敢做、重建。

內容精簡整理：

作者將上面推衍類化過程中所有說明的文字全部省略，直接整理出所有推衍類化的內容如下：

破軍星：

破↓在那裡就破那裡。

破敗、破壞、突破。

破↓破銅爛鐵↓垃圾↓『大海邊的垃圾場、資源回收場，垃圾車進進出出。張飛在管理。』

大海邊↓大海↓遠洋↓過海水的↓海外↓遠洋漁業↓海運等。

水↓大海的水。

水↓排水管↓水電業↓水電技術員↓水電工程。

水↓腎、膀胱、排泄系統、小腹、男精女帶、性不潔、心臟血管。

垃圾↓不要的東西↓消耗掉的東西↓壞掉的東西↓破壞掉的東西↓破銅爛鐵↓髒亂↓雜亂↓混亂↓菜市場↓南北雜貨↓化學↓雜項業務↓雜項事物↓總務↓亂七八糟的東西↓什麼都是什麼都可以不挑。

資源回收↓壞的再利用↓重建創新↓開創新局↓突破↓從現況中做出改變↓與開發創新有關的人事物↓與資源回收有關的人事物。

垃圾車↓大卡車↓大貨車↓貨櫃車↓連結車。

張飛↓衝勁↓敢作敢當↓衝動↓不聽話亂來↓想到就做↓突發奇想↓成事不足敗事有餘↓破壞力↓地震↓海嘯↓流氓↓壞人↓行事隨性隨便↓什麼都好↓什麼都可以↓好口慾不挑食不挑人。

第七天課程的重點複習：

今天只要記住下面的字面及場景就可以了，不必逐字逐句的去背整個推衍類化出來的內容，只要掌握住內容的性質就可以了。

七殺星：

字面「殺」→冷面殺手出手快。在那裡就殺那裡。

字面「殺」→金→肺。氣管。呼吸系統。陽痿。早洩。

字面「殺」→戰爭→心臟。

字面「殺」→**戰爭**→場景：『戰爭。死傷慘重。斷垣殘壁。』

破軍星：

字面「**破**」→在那裡就破那裡。

破敗、破壞、突破。

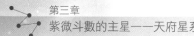

字面「破」→**破銅爛鐵**→場景：『大海邊的垃圾處理場、資源回收場，垃圾車進進出出。**張飛**在管理。』

大海邊→水→大海的水。

水→排水管→水電業→水電技術員→水電工程。

水→腎、膀胱、排泄系統、小腹、男精女帶、性不潔、心臟血管。

第七天課程結束。今天介紹了兩個人，一位是戰場上的冷面殺手：七殺，一位是垃圾場的張飛：破軍。如果讀者在之前看過了「三國演義」就可以輕易了解張飛的特性了，如果還沒看，強烈建議趕快去看！

到此，十四顆主星全部介紹完畢，在繼續後面的課程之前，請各位讀者務必回頭將十四顆主星的「重點複習」的部份再全部複習一遍，這樣做，可以加強各位對主星特質的記憶。然後再拿親朋好友同事鄰居的命盤來驗證主星的特質，可以更進一步強化各位對主星的了解。（再提醒各位讀者，在印證時要同時注意每顆星曜都有正面及負面特性，千萬不要只看一面，很容易因為疏忽而算錯命。）

第四章　紫微斗數的六煞星（第八天課程）

接下來要進入新的一章，一樣將以用同樣的學習方法來介紹紫微斗數裡的六煞星。第八天的課程是要來介紹紫微斗數的六煞星。在進入課程前，先來說明煞星在紫微斗數論命裡的作用力，再正式進入介紹課程。

煞星所以稱為「煞」星，當然是因為它們的力量偏向破壞的力量，但是其實煞星跟主星一樣，同時都具有正反面的意義，所以，在推衍類化煞星時，同時也要推衍類化出煞星所代表的正面意義，才不會一味的只看到它們負面的力量，導致在論命時有完全錯誤的論斷。

至於煞星同時具有正反面的意義要如何論斷是吉是凶？除了看同宮的星曜之外，還要看當事人的成長背景形成的道德觀、修養及價值觀。

舉作者兩位客戶為例，作者有一男一女兩位客戶，兩位都是廉貞天相坐命在午宮，男客戶命宮沒有其他副星，女客戶多了一個擎羊星。一般來講，廉貞天相擎羊同宮會形成「刑囚會印」的格局，會有官司刑傷，但女客戶不但一生平安無事，還很會賺錢。那麼，是紫微斗數不準嗎？其實不是，而是她把煞星擎羊的力量在運用上偏向正面而已。她的個性很衝很直（這是擎羊的缺點），但也同時很有鬥志不怕苦（這是擎羊的優點）。因為家裡環境並不好，從小母親就教她要養成努力賺錢存錢的習慣，所以，雖然她的學歷不高（專科而已），但她的目標就是要努力賺錢，所以，她自己學了很實用的賺錢技能（具有專門專業的技術、技能或知識也是煞星的優點），開了一間個人工作室，生意很好，一年可以讓她賺到一百多萬，每年都可以存下一百萬以上的存款，對她的母親非常的孝順。正確的價值觀讓她把擎羊的優點發揮出來，反而不會學壞亂來，只是個性比較強比較衝而已（這也是擎羊星的特質）。

至於那位男客戶，就少了擎羊星的衝勁及鬥志，反而對自己的事業完全沒有方向感，不知道自己應該做什麼，一事無成。所以，煞星並不是只有凶煞的一面而已，它同時也有正面的意義。而作為命理顧問在為客人解析命盤時，有必要也有責任把星曜的正反面意義向客人解釋清楚，至於最終對客人的影響是煞還是吉就看當事人如何運用了。

所以，在論命時碰到煞星，千萬不要只以凶煞來看，應該要提醒當事人煞星具有的正面力量，以及要如何正確的運用這股正面的力量，算命才會有趨吉避凶的積極意義。

下面作者同樣要用「字面、場景學習法」來介紹六煞星的記憶方式。紫微斗數的六煞星有擎羊、陀羅、火星、鈴星、地空、地劫六顆，作者依照順序一一介紹如後。

下一頁要正式進入今天第八天的課程，介紹六煞星：擎羊、陀羅、火星、鈴星、地空、地劫、（簡稱羊陀火鈴空劫）

擎羊

一、字面推衍：

從字面「羊」字看起來就像一把中國古代的「劍」，可以聯結到：刀、劍。所以五行屬金。

二、場景設計：

作者設計的直接反應是：羊——刀劍（刀光劍影）。

接著帶出下面的場景：『流氓械鬥，非死即傷，送醫或者送官法辦。』

場景中關鍵的代表字是：流氓↓械鬥↓死↓傷↓醫↓送官法辦。

我們就依代表字的排列次序一一推衍類化出擎羊的特質。

流氓：從流氓的個性可以推衍類化出：流氓↓小人↓凶惡↓脾氣不好↓性剛暴戾↓粗暴↓衝↓自以為是↓獨斷獨行↓破壞力↓直來直往↓六親疏遠↓刑剋六親↓孤單↓說變就變↓說翻臉就翻臉↓無情↓……等等。（還可以繼續推衍類下去）

（再提醒各位讀者，上面的內容不要硬背，只要知道流氓的個性特質就可以，在實際算命時，就可以自然運用。例如，看感情，當然不好，甚至會有家暴。）

械鬥：推衍類化出：好鬥衝突。

死：推衍類化出：凶禍↓死亡。

傷：推衍類化出：意外災傷。

醫：推衍類化出：開刀手術↓醫務人員↓可以再推衍到↓專業技術↓專業知識↓專業能力↓甚至是工程人員等。

送官法辦：推衍類化出：犯罪、犯法、違法↓吃官司。

優點：臨危不亂、當機立斷、勇敢、不怕苦、不怕難、鬥志、戰鬥力。

旺：辰戌丑未（土生金）。

陷：子午卯酉。

記住場景，了解上面的推衍類化方式，我們很容易知道擎羊星是「生活」在什麼樣的現實生活中，在算命時就不會不知所措了。

陀羅

一、字面推衍：

從字面「陀羅」我們可以聯想到「打陀螺」。擎羊跟陀羅是一組，所以五行屬金。

二、場景設計：

作者設計的直接反應是：陀羅——打陀螺。

接著帶出下面的場景：『打陀螺，需要技巧，剛開始轉的很快很有力，轉來轉去，漸漸的沒力了，倒了。』

場景中關鍵的代表字是：打陀螺↓技巧↓轉↓很快很有力↓轉來轉去↓漸漸沒力了↓倒了。

我們就依代表字的排列次序一一推衍類化出陀羅的特質。

打陀螺：陀螺看起來沒動其實一直在轉動，推衍類化出：表面上看不出來但其實暗中一直在動的情況↓看起來沒動但腦筋一直在動↓暗中做↓不動聲色↓裝模作樣↓來陰的↓陰沈↓陰險↓表裡不一的人事物↓虛有其表的人事物、假相↓一切作假的東西↓奸滑心行不正↓心懷不軌↓偏激↓嫉妒↓虛設行號↓作假帳↓詐騙↓詐騙集團↓走私↓犯法↓是非糾紛↓暗疾纏綿↓暗暗的折磨↓一直轉一直鑽↓鑽牛角尖↓不願放下↓不願放開↓固執。

優　點：一直在鑽研↓研究↓專心↓堅持↓打破砂鍋問到底↓專家。

（再提醒各位讀者，不要去背上面的內容，只要記住主要的特質，像是：表面上看不出來的、假的、陰的、一直鑽的，其他的用推衍類化的就行了。）

技　巧：推衍類化出：技藝↓技能↓技術↓專業人員↓技術人員。

轉　：可以再推衍類化出：轉動的東西↓鑽子↓碾磨的東西↓石磨等↓打菓汁機↓鏍絲↓可以再進一步推衍類化出：團團轉的情形↓綑綁用的鐵鍊↓鐵絲↓刑具等。

很快很有力：可以推衍類化出：反應快↓伶俐↓果斷↓敢↓有力。

轉來轉去：推衍類化出：外出發展↓一生飄蕩不安↓無奈性↓心性不定↓變來變去↓猶豫不決↓拖拖拉拉的情形↓見異思遷↓一下這樣一下那樣↓翻來覆去↓好壞不分↓無是非↓欺善怕惡↓口是心非↓不誠實↓自私自利↓頭腦搞不清楚的人。（提醒各位讀者，只要記住重點意義就可以了。）

漸漸沒力：推衍類化出：先盛後衰↓大起大落↓橫發橫破↓有始無終↓後繼無力。

倒　了：推衍類化出：掛了↓凶厄↓刑傷↓行事受阻做不下去↓東西毀了↓房子倒了↓殘破雜亂↓破銅爛鐵↓清潔隊。

旺：辰戌丑未（土生金）。

陷：寅申巳亥。

一、字面推衍：

從字面「火」字我們可以聯想到「火爆浪子」。五行屬火，是燃燒的火。

二、場景設計：

作者設計的直接反應是：火——火爆浪子。

接著帶出下面的場景：『火爆浪子飆車，撞到廟，起火受傷。』

場景中關鍵的代表字是：火爆浪子→飆車→撞到廟→起火→受傷。

我們就依代表字的排列次序一一推衍類化出火星的特質。

火爆浪子：火爆浪子的個性當然很急躁脾氣又不好品性也不好，直接衝起來，或一股爆發的能量。所以可以推衍類化出：個性強→衝動→激進→急燥→不耐靜→坐不住→跑來跑去→快來快去→直接→明著衝→想怎樣就怎樣→

心狠不善→心性不定→有勇無謀→亂來→不穩定變動的人事物情況→讓人覺得煩躁不舒服的人事物情兄。

優　點：敢衝。

飈　車：飈車速度很快很衝，技術要很好。所以可以推衍類化出：跟速度有關的人事物情況。

優　點：做事速度快→有效率→勇往直前一直飈過去→好強不認輸→很好的技術→特殊技能。

撞到廟：把廟撞壞了，推衍類化出：造成傷害→災難→刑剋→廟宇→寺廟的尖塔。

起　火：跟火有關的人事物情況，推衍類化出：火→火災→火山→火爐→會起火的燃料→瓦斯→汽油→石油→酒精→燐→可以作燃料的油類→象徵火的形狀→尖形物→熱的東西→燒烤→熱炒→像火一樣閃耀的人事物情況。

受　傷：撞車又起火，所以跟身體、火有關的部份，推衍類化出：燒燙傷→皮膚傷→唇齒傷→面相→肢體→義肢→屬火，所以有火的症狀、發炎。

旺：寅午戌（合化火）、亥卯未（合化木）。

陷：申子辰（合化水）、巳酉丑（合化金）、（但巳可）

鈴星

一、字面推衍：

火星跟鈴星在性質上極為接近，一般都將兩者同稱為「火鈴」，主要的差別是一在明一在暗，一在外一在內，火星明顯直接在外，鈴星不明顯悶著來在內，火星直接燒，鈴星悶燒，但鈴星比火星更具有爆發力更凶殘更暴戾。

所以一看到「鈴星」我們可以馬上想到「火鈴」這一組同質星。所以鈴星五行跟火星一樣屬火，但火星是烈火，鈴星是像沙漠一樣又乾又熱的火氣，悶著燒。所以我們可以推衍類化出：鈴星↓是炎熱的沙漠↓高溫炎熱↓乾旱↓熱氣↓火山↓悶燒出來的東西↓磚瓦↓燒磘↓可以推衍為可以燃燒的乾物↓薪材↓木材↓煤碳↓乾電池↓廟宇尖塔↓跟乾旱有關的災難↓跟火山有關的災難↓跟悶燒有關的災難。

因為鈴星屬悶燒性質，所以在身體上是：虛火上升↓火氣大↓發燒↓燒燙傷。

再從字面「鈴」來看，鈴是鈴聲，所以也代表叮噹好聽有節奏的聲音→吵雜的聲音→傳統市場。

二、場景設計：

作者設計的直接反應是：鈴星——悶爆的火氣。

接著帶出下面的場景：『家暴事件，施暴者怒罵施暴，受虐者反擊。』

場景中關鍵的代表字是：家暴→施暴者→受虐者反擊。

我們就依代表字的排列次序一一推衍類化出鈴星的特質。

家　暴：在外表面上沒事，回家就變了。推衍類化出：裝模作樣→虛假。

施暴者：施暴者個性陰沈暴戾不穩定，心理不平衡，出手快又狠。所以可以推衍類化出：粗暴→蠻橫不講理→脾氣不好→個性又急又暴→動作粗野→待人刻薄→猜忌→孤僻→個性不穩定→反覆無常→好大喜功→不滿現狀→記仇→仇恨→或隨時像不定時炸彈的人事物情況→造成傷害→刑剋。

可以再推衍類化出：粗暴殘暴的人事物→暴徒→暴動→動亂。

（同樣再提醒各位讀者，千萬不要去背上面的內容，只要知道會家暴的人是什麼樣子就可以了，其他的都可以在算命時依情況推衍類化出來。）

受虐者反擊：不堪受虐，立刻反擊。所以可以推衍類化出：勇敢→大膽→果斷→反應快。

旺：寅午戌（合化火）、亥卯未（合化木）。

陷：申子辰（合化水）、巳酉丑（合化金）。（但巳可）

地空

一、字面推衍：

從字面「空」我們可以聯想到「沒了」。把好的人事物空掉了。在那裡就空那裡，可以推衍類化出：

對人，沒了：人沒了、人走了離開了、人的緣份沒了、分手了。

對事，沒了：事沒了、受到阻礙、失敗了、結束了。

對物，沒了：失去了，沒有、中空的東西。

對鬥志，沒了：沒有鬥志。

對頭腦，沒了：腦袋空空，沒有積極的想法、想東想西，胡思亂想。

對感情，沒了：把感情婚姻空掉了、失去婚姻感情。

對健康，沒了：沒有精神、精神不濟、體力不夠。

對人生，沒了：空性、宗教、哲學。

還可以推衍類化出更多的狀況。

二、場景設計：

作者設計的直接反應是：空——夢想家。

接著帶出下面的場景：『夢想家，不切實際的想法，只想不做的人。』

場景中關鍵的代表字是：不切實際↓想法↓只想不做。

我們就依代表字的排列次序一一推衍類化出地空的特質。

不切實際：可以推衍類化出：不實在↓不踏實。

想　　法：可以推衍類化出的優點為：想法多↓點子多↓有創意↓學術研究。

只想不做：可以推衍類化出：不積極↓行動力差↓執行力差。

地劫

一、字面推衍：

從字面「劫」我們可以聯想到「劫走」。把人事物劫走沒了。在那裡劫那裡。可以推衍類化出：

對人，劫走：人沒了、人走了離開了、人的緣份沒了、分手了。

對事，劫走：事沒了、受到阻礙、失敗了、結束了。

對物，劫走：失去了、沒了。

對鬥志，劫走：沒有鬥志。

對頭腦，劫走：腦袋空空，沒有積極的想法、想東想西，胡思亂想。

對感情，劫走：把感情婚姻劫走、失去婚姻感情。

對健康，劫走：沒有精神，精神不濟，體力不夠。

對人生，劫走：空性、宗教、哲學。

還可以推衍類化出更多的狀況。

二、場景設計：

作者設計的直接反應是：劫──搶劫──劫匪。

接著帶出下面的場景：『劫匪因貪心、糊塗而帶來災難。』

場景中關鍵的代表字是：劫匪↓貪心↓糊塗↓災難。

我們就依代表字的排列次序一一推衍類化出地劫的特質。

劫匪：從劫匪狂妄的個性可以推衍類化出：狂妄↓脾氣不好↓怪異↓喜怒無常↓邪惡↓不走正道↓動歪腦筋↓做事不實在↓怪東怪西↓對人不好↓刑剋↓無情的傢伙↓有缺陷的東西、招來痲煩的人事物。

女性↓劫人夫↓偏房↓妾↓地下情人↓第三者。

優點：（狂妄從正面來看）：敢作敢為↓不服輸。

優點：（動歪腦筋從正面來看）：想法多↓點子多↓有創意。

貪　　心：推衍類化為：唯利是圖↓見利忘義↓不擇手段。

糊　　塗：推衍類化為：自以為是↓好壞不分↓判斷錯誤。

帶來災難：劫數↓天災↓是非↓官非。

第八天課程的重點複習：

今天只要記住下面的字面及場景就可以了，不必逐字逐句的去背整個推衍類化出來的內容，只要掌握住內容的性質就可以了。

擎羊：

字面「羊」↓劍↓刀劍↓金。

字面「羊」**↓刀劍**↓場景：『流氓械鬥，非死即傷，送醫。』

優點：臨危不亂、當機立斷、勇敢、不怕苦、不怕難、鬥志、戰鬥力。

陀羅：

字面「陀羅」↓羊陀同質↓金。

字面「陀羅」**↓打陀螺**↓場景：『打陀螺，需要技巧，剛開始轉的很快很有力，轉來轉去，漸漸的沒力了，倒了。』

優點↓一直在鑽研↓研究↓專心↓堅持↓打破砂鍋問到底↓專家。

優點↓反應快↓伶俐↓果斷↓敢↓有力。

火星：

字面「火」↓「火爆浪子」↓火↓燃燒的火。

字面「火」↓「**火爆浪子**」↓場景：『火爆浪子飈車，撞到廟，起火受傷。』

優點↓敢衝↓勇往直前。

優點↓做事速度快↓有效率↓好強不認輸↓技術↓特殊技能。

鈴星：

字面「鈴星」↓火↓沙漠一樣又乾又熱的火氣↓悶著燒↓虛火上升↓火氣大↓發燒↓燒燙傷。

字面「鈴星」↓是炎熱的沙漠↓高溫炎熱。

字面「鈴」↓鈴聲↓有節奏的聲音↓吵雜的聲音↓傳統市場。

字面「鈴星」→悶爆的火氣→場景：『家暴事件，施暴者怒罵施暴，受虐者反擊。』

優點→勇敢→大膽→果斷→反應快。

地空：

字面「空」→沒了→把人事物空掉了。

字面「空」→夢想家→場景：『夢想家，不切實際的想法，只想不做的人。』

優點→想法多→點子多→有創意→學術研究。

地劫：

字面「劫」→劫走→把人事物劫走沒了。

字面「劫」→搶劫→劫匪→場景：『劫匪因貪心、糊塗而帶來災難。』

優點→敢作敢為→不服輸。

優點→想法多→點子多→有創意。

第八天課程結束。今天作者介紹了四樣物品兩個人物，一把刀：擎羊，一顆陀羅：陀羅，一把怒火：火星，悶燒的火：鈴星，一個夢想家：地空，一個劫匪：地劫。

這次內容比較多，放輕鬆休息一下，接下來要進入新的課程。

第五章 紫微斗數的七吉星（第九天課程）

接下來是第九天課程，在下一章要接著介紹七吉星的推衍類化方式。在進入之前，請回頭將第八天的課程重點再複習一次。

吉星所以叫做「吉星」，當然是因為它們會給命主增加一些有幫助的力量及特質，讓命主變得更有力量，更有才能，更有發展的機會。

命格吉旺或者跟吉星同宮的主星吉旺（如果宮內沒有主星就看對宮的主星），吉星的力量就會強，反之，吉星就無力了。如果主星屬於凶殺的星（七殺、破軍、貪狼、巨門、廉貞）吉星也有可能會助紂為虐。至於是好的助力還是助紂為虐就要看當事人的道德觀、修養及價值觀了。

每一顆吉星就像主星身邊的幫手，運用它們不同的特質來幫助主星，讓主星達成某種成果或者目的。所以，看到吉星時，我們一定要了解不同的吉星會用什麼特質或者能力來幫助主星，並且能達到什麼樣的成果。

接著作者仍然用「字面、場景學習法」來介紹吉星的特質及如何幫助主星，又能達成什麼成果。由於吉星在命理的解析上不重視五行的力量，所以，作者在書中不特別強調吉星的五行屬性。

下一頁要進入第九天的課程，介紹七吉星。

第九天課程：七吉星（文昌、文曲、左輔、右弼、天魁、天鉞、祿存）

文昌

一、字面推衍：

從「文昌」的字面可以直接推衍出：文昌君。文昌君是掌管讀書學習考試功名的神明。

從「昌」字看起來像金塊，可以推衍出文昌五行屬「金」。

二、場景設計：

作者設計的直接反應是：文昌——文昌帝君。

接著帶出下面的場景：『文昌帝君學習讀書考試，一帆風順，或異路功名。』

場景中關鍵的代表字是：文昌帝君→學習→讀書→考試→一帆風順→異路功名。

我們就依代表字的排列次序一一推衍類化出文昌星的特質。

文昌帝君：從「文昌帝君」推衍類化出：文昌↓代表學習↓讀書↓考試↓功名↓文學↓藝術↓在人的性質上它代表↓才子才女↓才華↓學者↓讀書人↓書香門第↓溫文儒雅↓清秀↓機智↓聰明↓反應快↓氣質水準↓修養內涵↓重視精神層面的修為↓文人的傲氣↓或者跟上面相關的人事物。

（同樣再提醒各位讀者，上面的內容很多千萬不要一個一個去背，要記住主要特質就可以，像：才子才女、聰明人、學習能力等，其他的可以用推衍類化的方式得到。）

學　習：推衍類化出：學習能力↓學習興趣↓跟學習有關的人事物情況。

讀　書：推衍類化出：學校↓書籍↓寫作↓文章↓文筆↓學術界↓文藝界↓文化界↓文具店↓文具用品↓各種書類↓典章制度↓政治↓宗教↓法律↓法規↓判決書↓診斷書↓一般文書↓合約書↓契約書↓保證書↓各種通知書↓有價證券↓債券……等等↓跟讀書有關的人事物情況。

考　試：推衍類化出：測驗↓檢定考↓資格考↓證照↓應徵↓跟考試測驗有關的

人事物情況。

一帆風順：推衍類化出：可以一展才華→學習東西都很順利→讀書成績不錯→通過各種考試、測驗→功成名就→有名望→實至名歸。

異路功名：有實無名→有專長無學歷→以個人專長在其他方面成就。

文昌逢落陷、化忌、主星凶或者弱：一路不順，既然是不順，上面所提的優點就全出問題了，所以可以推衍類化出：在學習方面：學了一些不正規的東西→學習中斷→輟學→停學→補修→補校等。

在考試方面：落榜→沒通過→失格→資格不夠→無證照→黑店→水貨→仿冒。

功名成就方面：懷才不遇→空有虛名→誇大不實→好高騖遠→自以為行→多管閒事→是非→犯錯→違規→違法→違約→官司→各種文書合約問題→病危通知書→死亡通知書等→各種不吉的通知書。

一、字面推衍：

從「文曲」的字面「曲」字可以直接聯想到：歌曲。所以文曲星是掌管才藝藝術功名的星。可以推衍類化出：藝人↓藝術家↓藝術工作者↓文藝創作↓藝術創作↓想法多變化↓想法怪異↓標新立異↓旁門左道↓標新立異的人事物↓旁門左道的人事物↓重視精神層面↓欣賞藝術的東西↓欣賞美的東西↓山水之美↓如詩如畫↓幽美的風景區。

從「曲」字，我們聯想到彎彎曲曲的水流，可以推衍出文曲的五行屬「水」。

在人體上代表上火下寒、陰虧、經水不調。

二、場景設計：

作者設計的直接反應是：文曲——歌曲才藝。

接著帶出下面的場景：『風流才子學習才藝考試，一帆風順，或異路功名。』

在這個場景中關鍵的代表字有：風流才子→學習→才藝→考試→一帆風順→異路功名。

我們就依代表字的排列次序一一推衍類化出文昌星的特質。

風流才子：從風流才子的個性及才華可以推衍類化出：聰明→優雅→光明磊落→風流儻倜→文雅風騷→多情慾→到處留情（拖泥帶水）→能言善道→反應快→舌辯→有話直說→文筆→文墨→有筆如刀。

學　習：推衍類化出：學習能力→學習興趣→跟學習有關的人事物情況→研究推理→科學研究。

才　藝：推衍類化出：藝術天份→技藝專長→琴棋書畫→藝術創作→跟藝術、才藝創作相關的人事物→古玩藝品→古玩藝品店→創意文具店→創意文具用品→美藝用品→印刷技術→印刷工廠→樂器行→各種樂器→各種戲曲→各種表演→婚喪慶用品→宗教用品→書刊雜誌→書刊雜誌社→藝文寫作→藝術界→才藝界→歷史文物→各種補習學校→各種才藝教室→各種展演場所↓合約書↓契約書↓票據……等等。

（再提醒各位讀者，千萬不要一個一個去背上面的內容，只要記得主要特質就可以了，像：跟藝術、才藝、創作相關的人事物，其他特質只要用推衍類化的方式就可以得到。）

考　試：這個跟文昌一樣，可以推衍類化出：測驗↓檢定考↓資格考↓證照、應徵↓跟考試測驗有關的人事物情況。

一帆風順：既然是一帆風順，當然可以推衍類化出：得以一展才華↓學習東西都很順利↓才藝成績不錯↓通過各種考試↓測驗↓功成名就↓有名望↓實至名歸。

異路功名：有實無名↓有專長無學歷↓以個人專長在其他方面成就。

文昌逢落陷、化忌、主星凶或者弱：一路不順的話，可以推衍類化出：上面好的特質全變了樣。

學習方面：學習中斷↓綴學↓停學↓補修↓補校。

才藝方面：學了一些不正經的東西↓邪術↓詭計。

考試方面：落榜↓沒通過↓失格↓資格不夠↓無證照↓無專長。

光明磊落：言語不實↓精神不正常↓揑造事實↓造假↓欺騙↓黑店↓水貨↓仿冒。

才氣功名：懷才不遇↓無名氣↓虛有其表↓好高騖遠↓自以為行。

行為方面：不正直↓彎彎曲曲↓見風轉舵↓沒頭沒尾↓沒恆心↓發不耐久↓孤僻不合群。

造成傷害：違規↓違法↓違約↓官司↓各種文書合約問題↓因轉投資或亂投資而失敗、損失。

左輔、右弼

左輔、右弼這兩顆星屬同類型的星，所以要同時看會更清楚它們在生活中的角色。

一、字面推衍：

從「左輔、右弼」的字面可以直接推衍出：左右手。在生活中它們是在身邊出力幫忙的人，就像我們的左右手，這種人我們都會稱為「貴人」。

二、場景設計：

作者設計的直接反應是：左輔、右弼↓左右手。

接著帶出下面的場景：『我的左右副手，左邊的給我建議，右邊的幫我執行。』

這個場景中的關鍵代表字有：左右副手↓左邊的給我建議↓右邊的幫我執行。

我們就依代表字的排列次序一一推衍類化出左輔、右弼星的特質。

左右副手：既然是左右副手，就要有一定的能力及特質，才能幫人成功，因此我們可以推衍類化出一些能力及特質：頭腦要好→有謀略機智→要有辦事能力→規劃能力→執行能力→協調能力→有多方的才華→文筆好→個性穩定冷靜→理性溫和→規規矩矩→不會搞破壞→以大局為重→識大體→守信守義→人緣不錯→容易相處→可以說是八面玲瓏……等等。還有很多好人才的特質都可以加進去。

（要再提醒各位讀者同樣的話，上面的內容千萬不要去背它，要練習用推衍類化的方式去記它，在實際算命時才能運用的靈巧。）

左右副手的缺點是：因為很有表現容易受到重用，所以容易得意忘形、好大喜功、驕傲、愛面子。

副　手：因為是副的所以也可以推行類化出「副的人事物情況」：

在工作上：是副業→兼差→支援性工作→用包裝來增加價值的→附加的。

在財務上：是借來的錢→週轉來的錢。

在婚姻上：變成多出來的一個人→第三者→二度婚姻→小妾→私情。

在　人　上：提供支援或者服務的人→幕僚人員→幕僚作業→智囊團→助理。

左邊的給我建議：左輔偏向在旁邊支援↓協助↓給意見↓明的。

右邊的幫我執行：右弼偏向幫人執行↓幫人做事↓侍從↓跟班↓是屬於私下暗助↓暗的↓在執上難免會有↓拖泥帶水↓惰性↓私情↓私心。

天魁、天鉞

天魁、天鉞這兩顆星也屬同類型的星，所以要同時看會更清楚它們在生活中的角色。下面就以天魁為主角來說明，如果天鉞有不同的特質時會再隨時提出差異點的說明，這樣就會更清楚了。

一、字面推衍：

從「**天魁**」的字面「**天**」可以直接推衍出：高高在上的人→在上位的人→有威權的人→有權力的人→有權勢的人→高官、董事長、總經理→在上位的貴人→提拔。

而「**天鉞**」則是在天魁旁邊的人，像**官夫人**或者董事長夫人、總經理夫人。

從「天魁」的字面「**魁**」可以直接推衍出：魁星踢斗，功名。

二、場景設計：

作者設計的直接反應是：天魁天鉞——魁星踢斗。

接著帶出下面的場景：『通過考試，一路提拔，升為高官。天鉞是官夫人。』

這個場景的關鍵代表字有：通過考試→一路提拔→高官→天鉞是官夫人。

我們就依代表字的排列次序一一推衍類化出天魁星的特質。

通過考試：能通過考試一定具備某些能力，所以可以推衍類化出：聰明→學習能力→組織能力→理解能力→文筆好→跟學習有關的人事物情況→跟考試有關的事。

一路提拔：能獲得提拔一定具備某些能力及優點，所以可以推衍類化出→辦事能力→協調能力→溝通能力→調解能力→解決事情的能力→分析能力→規劃能力→有謀略→理智→能言善道→知所進退→有度量→和悅有禮→長相不錯。

高　官：高官可以推衍類化出：民間團體、社團領導人、負責人有當官的氣質→有高官的威勢→有擔當→有魄力→大公無私→都是有權力有權勢提拔別人的人→幫助人的人→推薦。

當了高官之後的缺點：變得沒耐心了↓而且愛發表意見，言多必失↓心直口快（容易得罪人）↓管東管西，多管閒事↓強出頭↓喜出風頭。

高　　官：喜歡高樓大廈↓巍峨、雄偉、壯觀、山色明媚的地方↓清淨優雅文教區↓佈置的美侖美奐富麗堂皇↓擺設古物↓文物字畫↓金石玉器↓欣賞陶冶身心的東西。

天鉞官夫人：聰明↓風度優雅↓氣度不凡↓善良↓也有功名文墨之才↓依賴高官↓暗中助人↓口頭上答應的，但不一定有實際行動↓很有私心私情↓喜歡說場面話或者好聽的話↓官夫人會私藏珍寶貴重的東西。

天鉞官夫人：喜歡洋房別墅↓清淨、幽靜、幽美的地方↓雅緻小巧的擺設、字畫古董。

天魁簡述：高官↓提拔↓推薦↓助人↓明顯的↓直接的↓積極的↓實質的↓無私的。

天鉞簡述：官夫人↓提拔、推薦、助人↓暗中的不公開的↓間接的↓不積極↓口頭上的↓精神上的支持鼓勵↓私情私心的。

一、字面推衍：

從「祿存」的字面可以直接推衍出：祿→財祿→財富。存→庫存→儲存。

代表人物是**福祿壽三仙**，可以推衍出：祿存是老成持重→穩重→開心喜悅→和善→冷靜→保守→安定→守成。

二、場景設計：

作者設計的直接反應是：祿存——福祿壽三仙。

接著帶出下面的場景：『努力打拚，三仙保佑。不努力打拚，則一無所有，發亦不久。』

這個場景中的關鍵代表字有：努力打拚→不努力打拚。

努力打拚：命格吉強旺的人才會努力打拚，這裡命格包含下列幾種情形：

(1)命宮主星吉旺或主星強吉。

(2)跟祿存同宮的主星吉旺或主星強吉。
(3)命宮或者跟祿存同宮的宮位沒有主星，但對宮主星吉旺或主星強吉。

這種主星吉強旺又有祿存的人是標準的福祿壽三仙的命格，當然，這種命格自然會有制煞解厄的能力，所以遇到煞星也不會有害。

不努力打拚：命格弱或者凶的人，這種命格包含下列幾種情形：

(1)命宮主星弱或者凶。
(2)跟祿存同宮的主星弱或者凶。
(3)命宮或者跟祿存同宮的宮位沒有主星，而且對宮主星是弱的或者凶。

上面這種命格的人通常比較沒有理想或者鬥志，所以就算有祿存財祿放在他們的命裡，他們也不知道要去賺取。

這種人最終會失財、失福，變成刻薄的守財奴，就算有發旺也不會長久。通常只是幫人守財、理財的人，或者幫人守衛財庫的人。

祿存逢化忌：祿逢沖破發亦不久。

第九天課程的重點複習：

今天只要記住下面的字面及場景就可以了，不必逐字逐句的去背整個推衍類化出來的內容，只要掌握住內容的性質就可以了。

文昌：

字面「**文昌**」↓**文昌帝君**↓讀書學習考試功名的神明。

字面「**昌**」↓像金塊↓金。

字面「**文昌**」↓文昌帝君↓場景：『文昌帝君學習讀書考試，一帆風順，或異路功名。』

文曲：

字面「**文曲**」↓才藝藝術功名。

字面「**曲**」↓水↓上火下寒、陰虧、經水不調。

字面「文曲」→**歌曲才藝**→場景：『風流才子學習才藝考試。一帆風順。或異路功名。』

左輔、右弼：

字面「左輔、右弼→左右手→貴人。

字面「左輔、右弼→**左右手**→場景：『我的左右副手，左邊的給我建議，右邊的幫我執行。』

天魁、天鉞：

字面「天魁」→**天**→高官、董事長、總經理。

字面「天鉞」→**官夫人**→董事長夫人→總經理夫人。

字面「魁」→魁星踢斗，功名。

字面「**天魁天鉞**」→在上位的貴人→場景：『通過考試，一路提拔，升為高官。天鉞是官夫人。』

祿存：

字面「祿」↓祿↓財祿↓財富。

字面「存」↓存↓庫存↓儲存。

字面「祿存」↓**福祿壽三仙**↓老成持重↓穩重↓開心喜悅↓和善↓冷靜。

字面「祿存」↓福祿壽三仙↓場景：

『努力打拚，三仙保佑。不努力打拚，則一無所有，發亦不久。』

第九天課程結束。今天介紹了九號人物，一位是神明文昌帝君：文昌，一位是風流才子：文曲，一位是在左邊出主意的幫手：左輔，一位是在右邊執行的幫手：右弼，一位是董事長：天魁，一位是董事長夫人：天鉞，還有福祿壽三仙：祿存。

介紹完紫微斗數的七吉星，接下來開始要進入第十天至第十二天的課程，介紹其他副星。這些副星不再使用「字面、場景學習法」，而是用「同義歸類法」，將具有相同意義的副星歸為一類，以方便學習者記憶，可以大大提昇學習及應用的效果。

第六章 紫微斗數的其他小副星（第十天至第十二天課程）

接下來要進入新一章，介紹紫微斗數的其他小副星。

在本書中的小副星總共有五十二顆，作者將它們分為第十天至第十二天三天的課程。在進入課程之前先介紹小副星在斗數論命時的作用力是什麼，然後再進入課程。

小副星的作用力是「錦上添花或落井下石」！當主星旺時小副星跟主星之間正面的力量會彼此互相吸引，發揮它們的優點或者吉象並帶來好結果；落陷時則會引動主星的缺點或凶象並且帶來傷害。沒有主星時小副星就是老大，但是具有正面意義的小副星當了老大反而沒用，因為沒有主人可以依靠，所以不具有它原有的正面力量。反而是凶煞的小副星當老大時，天下就大亂了，因為沒有主人，小副星會凶性大發為所欲為，殺傷力大增。所以，有主星同宮時，小副星的力量是依附在主星上面的，不能將主星跟小副星的力量分開來論；但是當宮內沒有主星時，凶煞的小副星就厲害了。

主星旺，有小副星時，會因為小副星的正面助力而有所得益。

主星落陷，有小副星時，會因為小副星的負面破壞力而有所損傷。

無主星時，凶煞的小副星會凶性大發。正面的小副星則無主可依，無力施為。

下面大多數的小副星都依它們的作用分類整理出來，以方便記憶。因為在實際算命時根本不會用到這些小副星詳細的解說內容。只要在算命時能很快的反應出每一顆小副星的正面或者負面的作用力就可以了。所以，在介紹小副星時會同時說明正面及負面的特質。如果小副星還有其他重要的意義，作者在小副星的後面會做重點式的說明。

每一顆星作者都找出一個可以輕易聯結到星的意義的關聯字，讓讀者能輕易看出聯結的關係，在看到關聯字後能立刻了解那顆星是什麼意義。例如，天官，用官字做為關聯字，可以馬上聯想到「當官」，所以，天官，就是跟「功名、考試、封賞、升遷」有關的星。如果找不到聯結的方式，作者也會提醒讀者要特別記住。

另外，小副星中比較特殊的有天刑跟天馬兩顆星，因為天刑跟天馬的力量比較強，影響比較大，所以針對這兩顆星，作者還是用「字面、場景學習法」加以介紹，其餘的小副星就按作用力的性質加以分類介紹。

接著，下一頁要進入第十天課程，將會先介紹天刑跟天馬這兩顆副星，之後再介紹其他小副星的分類方式。

天刑：

從天刑的「**刑**」字，可以很容易聯結到：「刑罰」→「刑傷」→「刑剋」三種刑（在那個宮位就刑那裡），也就是三種場景：

第一種『刑罰』→是跟犯法、司法有關的；

第二種『刑傷』→是跟受傷、疾病、醫藥有關的；

第三種『刑剋』→是跟人不和、衝突有關的。

再依照字面可以分別推衍類化出不同的人事物景狀況。

刑　罰：可以馬上想到犯罪、犯錯，可以從這裡開始推衍類化出：犯罪→犯錯→法律→刑法→司法→官司→檢察官→司法官→警務人員→司法相關官職→最後被關入監獄→拘留所→感化院。

刑

傷：從字面可以聯想到受傷、生病，可以推衍類化出：受傷→生病→傳染病→因果病→慢性病→送醫→醫藥→藥房→藥草→藥理→開刀→手術用具→刀匠→長尖物件→刀剪。

刑

剋：推衍類化出：個性很硬→孤傲→嚴謹→正義感→疾惡如仇→跟人不合→六親緣淡。

特殊的地方：具神通→有感應能力→宗教。

正面的意義：具有正義感、為人較嚴謹、有司法背景、有醫藥背景。

旺

宮：在寅卯酉戌＋吉星：官旺。

天馬：

從字面「馬」可以知道天馬是一顆「跑來跑去」的星！（驛馬星動）（在那裡，那裡會動）。

作者設計的場景是：『上下左右跑來跑去』。

可以推衍類化出：

上　下：升遷↓降職。

左　右：調職↓搬家。

跑來跑去：變動↓出遠門。

可以再推衍類化為，在人是：心性不定↓見異思遷↓喜怒無常。

在物是：各種交通工具↓交通運輸事項。

當天馬與下面各星結合時會產生特別的意義，我們同樣可以用字面法輕易就記住這些意義。天馬是跑來跑去，所以跟什麼星結合就代表什麼東西跟著跑，跑出什麼結果。

紫府天馬：（扶輿馬）：出外有貴人（紫微天府）↓結果是：奔忙而名利雙收。

太陽（旺）天馬：（貴馬）：充滿能量（太陽）的馬↓主動積極↓結果是：有貴人有名氣。

太陽（弱）天馬：（懶馬）：沒有能量的馬↓跑不動，不積極↓結果是：事多拖延不順。

太陰（旺）天馬：（財馬）：穩定中求發展↓晚成↓結果是：富足。

太陰（弱）天馬：（陰馬）：暗中小人↓結果是：拖延不利。

火星天馬：（戰馬）：主星旺加吉↓敢拚肯幹↓結果是：會橫發。

主星弱加煞↓亂衝↓結果是：災傷。夭折。

擎羊天馬：（傷馬）：亂衝↓結果是：在外易受傷。

陀羅天馬：（折足馬）：有小人阻礙↓運不通↓結果是：行事多阻礙。失敗。

天刑天馬：（負屍馬）：在外有傷亡。

武相加吉天馬：（財印坐馬）：文武雙全↓結果是：名利雙收。

天梁天姚天馬：結果是：漂蕩。淫賤。

主星陷弱化忌無吉天馬：（病馬）：結果是：災病。無前途。

地空、地劫：（死馬）：魂不守舍↓結果是：空忙一場。

巨門太陽（旺）祿存天馬加吉無忌煞：結果是：跨國企業、聯盟企業。

田宅宮祿存天馬：結果是：遠方置產致富。遠方開公司而賺錢。

夫妻宮加吉天馬：結果是：配偶會賺錢。

疾厄宮天馬：結果是：手足傷痛。禽獸病（狂牛症。口蹄疾。禽流感）、交通事故。

正面的意義：有衝勁。

第十天課程結束。今天副星（一）介紹完畢，接下來第十一天的課程要繼續介紹副星（二）：孤單星、桃花星、功名考試封賞升遷星，以及貴人星。

孤單星：孤辰、寡宿、華蓋。

孤　辰：還有其他意義：心理不正常、消極偏極（因孤單引起的問題或病症）。還代表孤單的地方或事情，如老人院、孤兒院。或者心理不正常的地方或者事情，如精神病院。

寡　宿：孤辰。

華　蓋：還有其他意義：「華」指才華技藝、有知名度。（就是因為驕傲而變成孤傲。）

「蓋」指傘、帳。像神明出巡一樣，有威儀，所以在流年逢到可以化解官司刑訟。（同解神一樣）

正面的意義：才華技藝、有知名度、可以化解凶煞。

桃　花　星：紅鸞、天喜、咸池、沐浴、天姚。

紅鸞、天喜：還有其他意義：張燈結綵喜悅喜慶的場景或者狀況：宴客、廟會。（不單單指結婚而已），為人好客直爽，有人緣。（因為代表張燈結綵喜悅喜慶的好事，所以好客直爽，大家都很好。）

負面則是：財來財去。（婚慶要花大錢）

負面的事：在外出宮在疾厄宮見紅↓血光↓跟血有關的病。

紅　　鸞：紅血球。天喜：白血球。

婚後見紅則是：添丁。發財。升遷。

咸　　池：肉林酒池、肉慾桃花。

沐　　浴：肉林酒池、肉慾桃花。

天　　姚：騷、挑逗性桃花、輕佻、一見鍾情、藝妓（多才多藝）。

正面意義：多才多藝。

功名、考試、封賞、升遷星：天巫、天官、奏書、博士、龍池、鳳閣、三台、八座、台輔、封誥。

這些星中除了天巫要特別記住外，其它星都可以從字面看出來跟功名有關。天官的「官」，奏書的「奏，上奏」，博士本身就看得出來，龍池的「龍」，鳳閣的「鳳」，三台的「台，上台」，八座的「座，獎座」，台輔的「台，上台」，封誥本身就是封官的意思，從字面就可以看得出來根本不必特別去背它。

天　巫：還有其他意義：還代表巫邪之術→巫術→法術→乩童→巫醫→是世襲的→可以類化為繼承遺產。

天　官：還有其他意義：還代表神秘的事。

逢　煞　沖：從事秘密、危險性高的工作。

凶　象　是：為官後會有犯錯失職的事。

龍池、鳳閣：（為對星，同宮或者對宮相拱時力量最強）。

還有其他意義：也是龍飛鳳舞的藝術家。

三台、八座：（三台八座同宮或對宮拱照才會有利，分開就沒用了。在那個宮位那個宮位會有利，分則有變。）

三台：還有其他意義：會有三角關係。

貴人星：恩光、天貴、天德、月德。

從這些星的字面「恩」、「貴」、「德」就可以知道是貴人星，根本不必特別去背它。

恩　光：指提拔。

天　貴：指提拔。

天　德：指化凶解災。

月　德：指化凶解災。

第十一天的課程結束。接下來是第十二天的課程要繼續介紹副星（三）：意外災病星、小人星、喪事星、落空星、阻礙星、破財星，以及其他副星。

第十二天課程：副星（三）：意外災病星、小人星、喪事星、落空星、阻礙星、破財星、其他星

意外、災病星：天月、白虎、病符、天使、天傷、天煞。

這些星除了天月要特別記住外，其它星都可以從字面看出來，「虎」、「病」、「使（諧音：死）」、「傷」、「煞」，根本不必特別去背它。

天　月：宿疾（月：月事，類化為宿疾）→慢性病→業障病→憂心（這個比較特別要記住）

天使、天傷：需要忌煞殺星同宮或對沖才會出現凶象。夾宮也很凶。主星化忌（跟什麼星同宮就引發什麼災厄）。

廉貞化忌天使或天傷：牢獄之災。

天機化忌天使或天傷：交通事故、兄弟不合、肝膽病變。

太陽化忌天使或天傷：遇小人破壞。

太陰化忌天使或天傷：有桃花糾紛。

文曲化忌天使或天傷：官司。

天　使：還有其他意義：跟死有關，宮內星逢忌煞沖時，小心壽元（可以假想諧音為「天死」就會容易記住了）。

天　傷：還有其他意義：破財。傷財運。

天　煞：指天災。

小人星：蜚廉、飛廉、陰煞、指背、天虛、劫煞。

這些星都可以從字面看出來，「廉：廉恥」、「陰」、「背」、「虛：虛假」、「劫」，根本不必特別去背它。

蜚　廉：人言可畏、跟桃花有關的小人。（蜚唸匪）

在　人：個性怪異、孤剋。

陰　煞：指為人陰狠陰險小人。

還有其他意義：從陰字可以連想到卡陰、靈附身、業力業障、鬼通、陰邪的人事物。

遇到忌煞時會有癌症。

指　背：指背後閒言閒語、中傷。

天　虛：指虛偽不實、偽君子真小人、一切不正的人事物。

劫　煞：指心狠無德，鄙劣小人。

還有其他意義：搶劫、劫財、官司、傷身、偷盜。

逢解神、華蓋、天德、月德可以解煞。

喪事星：天哭、吊客、喪門。

從字面「哭」、「吊」、「喪」就可以看出來，不必特別去背它。

天　哭：還有其他意義：悲觀、令人難過的事（在那裡哭那裡）、是非官非（同巨門）、喪亡有關的人事物。

落空星（事與願違）：空亡、天空。

從字面「空」就可以看出來，不必特別去背它。

阻礙星：截路、旬中、貫索。

從字面「截」、「中」「索」就可以看出來。

截　路：攔截。

旬　中：中途破壞。

貫　索：用索綁住一樣。

破財星：破碎、大耗、小耗、亡神。

從字面「破」、「耗」、「亡」就可以看出來。

破　碎：支離破碎（不單單指財運）。

大　耗：指因情色而破財。

還有其他意義：囂張。

亡神：（這顆星比較特殊要特別記住）

其他：天福、天壽、天才、解神。

從字面「福」、「壽」、「天才」、「解」就可以看出來。

天福：福氣。

天壽：壽命。

天才：聰明、智慧。

解神：化解煞星的凶性、流年遇到喪門、吊客、七殺、擎羊均可以化解掉。喜入命身宮、疾厄宮，可以化解凶象。不利婚姻、財宮、事業宮，會把好的也化解掉反而變不好。

這些小副星不必每一顆星都特別去記它所代表的意義，只要知道它們分別是屬於什麼性質的星就可以了。其中只有小部份的星：華蓋、天巫、天月、亡神，沒有特別的關聯字可以做聯結，只要多注意也很容易就記住了。

第十二天的課程結束。接下來是第十三天的課程要進入下一章介紹紫微斗數裡主宰吉凶變化的四化星：化祿、化權、化科、化忌。

在進入課程之前，作者先介紹四化星到底有什麼作用。這個部份還要分為兩個部份來介紹：

一、出生年四化及大運流年走運時的四化。

二、飛星四化，宮與宮之間的飛星四化互動情形。

在第十三天的課程裡先介紹出生年四化及大運流年走運時的四化，至於飛星四化的部份若有機會再專書來介紹，以免各位讀者把兩者弄混了，反而會搞不清楚兩者之間有什麼差別。

首先，在第十三天的課程裡先介紹出生年四化及大運流年走運時四化的作用。在紫微斗數的命盤裡，當時間流動時，我們的運勢都會隨著時間的流動產生吉凶的變化，而四化就是運勢吉凶變化的情況。當運勢產生吉凶變化的時候，我們一定要問三個問題：

一、它到底產生什麼變化？什麼東西變了？

二、它變化的力量有多強？

三、它會產生什麼結果？

到底會產生什麼變化？四化星變化的內容是由參與四化的星曜的性質來決定，例如，武曲化祿，化祿是好的變化，而武曲是財星，所以變化的內容就是跟「財」有關了，所以武曲化祿就是財變好了，也就是財運變好，或者有賺錢了。

變化的力量有多強？吉凶的力量強弱則由參與四化的星曜的強旺落陷來決定，例如，太陰落陷化祿，化祿是好的變化，太陰也是財星，但因為落陷，所以財運雖然變好，但並沒有賺很多錢，只是有比較好而已。

至於會產生什麼結果？就是一、二兩項的總合了，像武曲化祿就是財變好了，也就是財運變好，或者有賺錢了，結果就是賺錢有錢了。

在斗數裡要能充分掌握四化吉凶變化的精髓，就一定要充分掌握每一顆參與四化的星曜的星性特質，所以，之前十二天的課程就非常重要了。如果，各位讀者還沒有好好記住前面十二天的課程內容，最好再回頭複習一遍，這樣會比較紮實也會比較有利於進入下一堂課程。

下一頁要進入第十三天的課程：生年四化星及走運四化星。

四化本身含意的解釋相當的多，如果各位讀者想老老實實的一個一個去背它的內容，作者保證你會背的頭昏腦漲。作者同樣研究出超人的推衍類化方式，只要記住一個詞就可以推衍類化出很多意義出來，根本不必去強背它的內容。等一下會一一介紹給各位讀者。

作者先把市面上各位大師們對四化意義的說明整理如下：

（各位讀者請不要去背它，等一下作者會介紹推衍類化的方式，下面的內容只是讓各位讀者看看而已。）

化祿的意義：

參考其他大師的著作可以看到化祿的含意有很多：財星、進財、錢財、薪水、俸祿、只代表收入，但不代表存財、成功、有實質的獲得，例如得子、置產購物、有完整的結果、機能好、新的東西、新的生命、新的狀況、新朋友。歡喜、開心、享受、口福、口才、聰明、好構思、好念頭、多的、發揮、膨脹、緣份、友好、壽命、福壽、和諧發展、忌為因祿為果、主星落陷發也虛發。

化權的意義：

參考其他大師的著作可以看到化權的含意有很多：領導力、掌握、權力、權勢、地位、權利、強佔、剛猛、積極、才幹、有能力、能幹、專業技術、創業、很有自信、自負、愛表現、堅挺、硬、主觀、變動、責任、辛苦、壯大、勞神、努力、過份時變乖張、不通情理、入人宮有爭執糾紛、逢煞星失職破財官司、女奪夫權、落陷孤寡貧賤。

化科的意義：

參考其他大師的著作可以看到化科的含意有很多：智慧、才華、才藝、文墨、考試、功名、揚名立萬、張揚、閃亮、氣質、斯文、君子風度、風度、好看、操守、穩定、平安、平順、協調、修飾、婚嫁生子、收成、非實質上的收獲、舊識、非實質的貴人、適當、官貴、文人雅士、空亡虛名貧寒、女貴婦、富貴淫慾、桃花濫情。

化忌的意義：

參考其他大師的著作可以看到化忌的含意很多：忙碌、勞碌、不安定、不安、憎惡、憎恨、怨惡、不祥、畏懼、不吉、怨嘆、小人、小偷、失敗、不完整、消耗、損失、是非、離間、打架、招怨、阻礙、挫折、疑惑、猜忌、耗財、死亡、破損的東西、地震天災、房子倒塌破損、受損、乾旱、水災、病蟲害、驕傲、瘦、弱、無生氣、糾纏不清、欠、不得不、糾纏、停滯、虛、魂不守舍、困守、入四墓增凶、祿存逢化忌祿逢沖破發亦不佳。

上面這些內容實在是相當多，如果不是過目不忘，一般人實在很難背下來。所以，接下來作者要用自己整理出來的方式教各位讀者如何記住上面這麼多的內容。

化祿：

先看化祿，化祿作者把它等化為祿存星，也就是福祿壽三仙。所以，化祿是一顆有福有祿有壽的星。把上面化祿的意義套進福祿壽來看：有福氣，所以只有好事會發生，這些好事會發生在生活中的不同層面，所以只要在遇到不同狀況時，用適合該狀況的「好的字詞」來形容就可以了。

例如：如果問事業，可以解釋為：事業成功、做事認真、能發揮、事業順利、薪水不錯、俸祿不錯等好的狀況。（只要是跟事業有關的事項都是好的，都用正面的字詞來表達就對了。其他的部份也都一樣。）

如果問財運，是祿，是財星，可以解釋為：有進財、有錢財、收入不錯、有財運、賺錢了，只代表收入，但不代表存財。

如果問其他物質，當然是有實質的獲得，可以解釋為：結婚、生子、買房地產、買房子等等。

如果問新舊，當然是指新的，可以解釋為：新的東西、新的生命、新的狀況、新朋友。

如果問心情，當然是：開心、歡喜。

如果問才智，當然是：聰明、好構思、好念頭、口才好。

如果問好不好命，當然是：享受、口福。

如果問人緣、感情、婚姻，當然是：有緣份、友好、和諧發展、美滿、關心、照顧。

如果問壽命，是壽，可以解釋為：壽命較長、福壽。

如果問事情的發展，可以解釋為：會有完整的發展結果，發展順利。

如果問小孩子的成長情形，可以解釋為：順利成長、長的很好、受到很好的教育。

如果問身體情形，可以解釋為：健康、各方面的機能良好。

（就看問的是什麼，使用正面的文字就對了，根本不必背。甚至可以不斷的推衍類化下去。）

（唯有兩句話要特別記住，因為這兩句不在推衍的內容裡：忌為因祿為果。主星落陷發也虛發，主星弱就算化祿也沒用。）

作者將上面的說明文字全部刪除，簡化為下面的一句話，各位讀者只要記住這句話就可以了，其他的內容就可以依照上述的推衍類化方式推衍出來。

化祿：

「化祿相當於祿存星，福祿壽三仙。」獲得實質的好處。在對宮照時，只給非實質的好。（像關心、關懷、支持）

所以，當一顆星化祿時，等於是將福祿壽三仙的好加到這顆星上面去了。

用同樣的方式，接著我們來看化權。

化權：

化權作者把它等化為「紫微星」。把上面化權的意義套進紫微星來看：紫微星是皇上，所以有領導力、當主管、有權力、掌權、有權勢、有身分地位、權利、很有自信、自負、愛表現、壯大堅挺、硬、強勢、主觀、積極、才幹、有能力、能幹、創業當老闆、有責任感、非常辛苦、勞神勞力、努力、過份時變乖張，不通情理。

上面的內容幾乎跟化權一樣，只有下面的內容有些差異，要特別記住：

一、化權入人宮有爭執糾紛爭權。（兄弟、夫妻、子女、交友、父母等宮）

二、逢煞星羊陀火鈴空劫有失職、破財、官司的情形。

三、女命化權會奪夫權，落陷孤寡貧賤。（個性太強）

四、有專業技術。

五、走運逢之會往更高更好變動。（更有權力）

如果問在事業上化權（從紫微星的皇上特質切入），當然就是指掌權、有權勢、有領導力、當主管　有權力、有身分地位、權利、創業當老闆。

如果是問人（從紫微星的皇上特質切入），當然就是很有自信、才幹、有能力、能幹、有責任感、努力、行事積極、負責。

如果是問缺點（從紫微星的皇上特質切入），那就是會過於自負、硬、強勢、主觀、勞神勞力、非常辛苦、過份時變乖張，不通情理。

如果問感情（從紫微星的皇上特質切入），對方強勢、喜掌權、妻奪夫權。

如果問財運（從紫微星的皇上特質切入），很想賺錢、很會賺錢。

幾乎化權的特質在紫微星都可以找到。

作者將上面的說明文字全部刪除，簡化為下面的一句話，各位讀者只要記住這句話就可以了，其他的內容就可以依照上述的推衍類化方式推衍出來。

化權：「化權相當於紫微星，大權在握，加重力道。」在對宮照時，給對方產生壓力，不客氣。

所以，當一顆星化權時，等於是將紫微星的力量加到這顆星上面去了。

接著來看化科。

化科：

作者將化科等化為文昌星，所以，化科是一顆文人雅士的星，是展現才華，獲得肯定讚賞好評的星。各位讀者可以將上面化科的意義拿來對照文昌星的特質，可以說是幾乎一模一樣。像：智慧、才華、才藝、文墨、考試、功名、揚名立萬、氣質、斯文、君子風度、好看、操守、穩定、平安、平順、協調、適當、修飾、聲名遠播，以上這些都一樣。其他像「非實質上的收獲、非實質的貴人」其實也是一樣的意思，化科是文星，重名不重利，所以它不是物質上財務上的收獲。也因為它是文星，所以它的貴人性質偏向說好話支援性質，而不是行動派或者在物質財務上的支援。當然化科也代表有好的結果，這個好的結果是偏向名而不是利，也偏向平順而有結果，例如婚嫁生子。（另外有提到「舊識」，這個就要特別去記了，因為沒辦法推衍出來。）

還有，「官貴、文人雅士、空亡虛名貧寒」；「女貴婦、富貴淫慾、桃花濫情」，這兩句都是化科遇到煞星時好壞程度的變化。沒遇到煞星時，會有成就或者當官；遇到煞星時，至少還會是一位文人雅士；如果遇到空亡地空天空時，就把一切都空掉了，就會是虛名貧寒了。

女性的話，則是貴婦；有煞星時富貴但有淫慾；再遇到桃花星時，則變成破格桃花濫情了。

作者將上面的說明文字全部刪除，簡化為下面的一句話，各位讀者只要記住這句話就可以了，其他的內容就可以依照上述的推衍類化方式推衍出來。

化科：

「化科相當於文昌星，展現才華。」在對宮照時，給對方帶來平順，客氣。

所以，當一顆星化科時，等於是將文昌星的好加到這顆星上面去了。

最後來介紹化忌。

化忌：

作者把化忌等化為各種不好的事，包含心情、人品、喜好、運勢、緣份等等。各位讀者可以看化忌的意義：忙碌、勞碌、不安定、不安、憎惡、憎恨、怨惡、不祥、畏懼、不吉、怨嘆、小人、小偷、失敗、不完整、消耗、損失、是非、離間、打架、招怨、阻礙、挫折、疑惑、猜忌、耗財、死亡、破損的東西、地震天災、房子倒塌破損、受損、乾旱、水災、病蟲害、驕傲、瘦、弱、無生氣、糾纏不清、欠、不得不、糾纏、停滯、虛、魂不守舍、困守、入四墓地會增加它的凶性。

上面這些內容都是負面的意思，只是按照場合的不同使用不同的字詞而已，所以，各位讀者只要記住這個原則就行了，根本不必去背上面的內容，只要用字是負面的就行了，而且，還可以不斷的推衍類化在各種場合。

所以，就算上面的內容沒有提到，但只要往相對負面去解釋就可以了。

例如：

田宅宮化忌：也可以推衍類化為陽宅風水不好。

田宅宮巨門化忌：則是家中遭小偷，因為巨門也代表失竊、闖空門。

問感情：是感情不順、失戀……等等。

問對象：是對象不理想、沒有對象、找不到對象……等等。

問交友：都交一些不良的人當朋友、人際關係不好、交不到朋友等等。

作者將上面的說明文字全部刪除，簡化為下面的一句話，各位讀者只要記住這句話就可以了，其他的內容就可以依照上述的推衍類化方式推衍出來。

化忌：

「相對應於生活中各種不好的事。」在對宮沖時，造成被沖宮位有不好的事。所以，當一顆星化忌時，等於是將各種不好的事加到這顆星上面去了。

好，四化星的基本意義已經介紹完了，作者將四化星的重點意義彙整如下：

化祿：

「化祿相當於祿存星，福祿壽三仙。」獲得實質的好處。在對宮照時，只給非實質的好。（像關心、關懷、支持）

所以，當一顆星化祿時，等於是將福祿壽三仙的好加到這顆星上面去了。

化權：

「化權相當於紫微星，大權在握，加重力道。」在對宮照時，給對方產生壓力、不客氣。

所以，當一顆星化權時，等於是將紫微星的力量加到這顆星上面去了。

化科：

「化科相當於文昌星，展現才華。」在對宮照時，給對方帶來平順、客氣。

所以，當一顆星化科時，等於是將文昌星的好加到這顆星上面去了。

化忌：

「相對應於生活中各種不好的事。」在對宮沖時，造成被沖宮位有不好的事。

所以，當一顆星化忌時，等於是將各種不好的事加到這顆星上面去了。

第十三天的課程至此全部結束。請各位讀者在進入下一個課程之前，先將上面的重點再複習一遍，讓自己對四化有一個明顯清楚的概念。至於各星四化後的意義變化日後有機會再以專書介紹。

第八章　紫微斗數的雙星同宮（第十四天至第十六天課程）

接下來要進入第十四天至第十六天的課程，介紹紫微斗數裡雙星同宮的意義。

在紫微斗數排盤裡會自然出現兩顆主星同在一個宮位的情形，通常初學者在學會主星的意義後，一遇到兩顆主星放在一起就不知道要如何解釋了。依作者的經驗，遇到雙星同宮時只要各星分開解釋再互相聯結就對了！也就是說，該宮位同時具有兩顆主星的意義及聯結後的意義，在不同的情境下會交互出現不同的特質。所以，作者在教學時都會特別跟學員強調「千萬不要去背雙星的意義！」

不過，雙星同宮有時候會形成「格局」（下一階段會介紹），在這種情形下，除了雙星各別的解釋外又多了一個雙星的「格局解釋」。例如：武曲貪狼同宮，除了各別解釋武曲及貪狼的意義之外，還要加上一個「格局解釋：武貪不發少年人」，意思是說「武曲貪狼坐命的人在中年以前不會發達，或者發亦不久，總要等到中年以後累積足夠的歷練後才有發達的機會。」

雖然雙星同宮只要各別解釋再聯結就可以了，作者還是要以重點式的介紹方式將雙星逐一的介紹一次，讓各位讀者能更加明白雙星同宮的意義。作者以紫微星系為主依序逐一介紹雙星，紫微斗數雙星的組合有：紫微天府、紫微貪狼、紫微天相、紫微七殺、紫微破軍、天機太陰、天機巨門、天機天梁、太陽天梁、太陽巨門、太陽太陰、武曲天府、武曲貪狼、武曲天相、武曲七殺、武曲破軍、天同巨門、天同天梁、天同太陰、廉貞天府、廉貞貪狼、廉貞天相、廉貞七殺、廉貞破軍。

下面作者逐一介紹雙星，重點會放在雙星互動的聯結方式，從現實生活中的權、名、利、心靈、精神五個層面來看雙星互動的聯結方式。所以，看到雙星時要先作各別的解釋，其次作格局的解釋，最後再作互動聯結的解釋。

雙星同宮在互動的意義上通常會因為兩顆星曜的好壞特質彼此互動而有四種聯結方式。所以，在互動的意義上，會有四種交叉互動的情形（好的聯結好的，好的聯結壞的，壞的聯結好的，壞的聯結壞的），各位讀者一定要習慣兩顆星曜彼此交叉互動的聯結。每一組雙星作者都會至少舉數種好壞特質交叉互動的情況，讓讀者能明白聯結的方式，其他的部份就由各位讀者自己去推衍了。

第十四天課程：雙星同宮（一）：紫微天府、紫微貪狼、紫微天相、紫微七殺、紫微破軍、天機太陰、天機巨門、天機天梁

接下來要進入第十四天的課程雙星同宮（一）：紫微天府、紫微貪狼、紫微天相、紫微七殺、紫微破軍、天機太陰、天機巨門、天機天梁。

對每一組雙星同宮的星曜，作者都會先列出兩顆星曜的「字面、場景」，再作互動的聯結，這樣可以讓各位讀者在不同的學習階段不斷去複習星曜的「字面、場景」，等課程結束後各位讀者自然會牢牢的記住每顆星曜的意義。

紫微天府：先分別列出兩顆星曜的「字面、場景」，再作互動的聯結。

紫　微　星：字面「紫」→紫禁城→場景：『紫禁城裡的人、事、物、景、生活。』

天　府　星：字面「府」→王爺府→場景：『王爺府蓋在山坡地上，舉辦化粧舞會，政商名流駕著馬車來參加。』

首先，只要就各星曜在人事物上原有的特質分開解釋就可以了，所以雙星的宮位往往具有上列的雙重特質。

其次，看看有沒有形成格局，如果沒有形成格局，就進入兩顆星曜互動聯結的解釋。如果有形成格局，但是沒有特別不一樣的意義也不提出來。

在互動的聯結上以各星曜的特質為主，從兩顆星曜的特質中找出可以彼此產生互動關係的特質，並加以聯結起來解釋。

（下面作者僅就部份的特質加以互動聯結，其餘特質的互動聯結，各位讀者可以依實際狀況自行演練並加以驗證。）

紫微天府都是集權、名、利於一身的星，兩顆星在一起就擁有了彼此，活像豪門貴族聯婚一樣，更加重他們對權、名、利的慾望，而少了心靈及精神層面的特質。

所以，從正面的意義來看，紫微天府同宮會加重對現實名利的慾望及企圖心，也容易擁有財富、權力、地位、名聲（註：至於能擁有多少，則需視個人的努力，如果個人不努力或者努力不夠，則會變成虛有其表，華而不實，眼高手低）。缺點則是過於重視現實利益，少了心靈及精神層次的特質，顯得比較自私。

紫微貪狼：先分別列出兩顆星曜的「字面、場景」，再作互動的聯結。

紫 微 星：字面「紫」→紫禁城→場景：『紫禁城裡的人、事、物、景、生活。』

貪 狼 星：字面「貪」→貪慾→賭→『拉斯維加斯的夜生活。酒店前面有噴泉，棕櫚樹。賭客求偏財。警察在維護治安。』

首先，依上列的特質先作各別解釋。

其次，看有沒有形成特殊格局。紫微貪狼同宮形成「桃花犯主」的格局，意思是：有色慾及感情上的問題。這個在下面互動聯結中會提到，這裡不再詳細介紹。

最後作互動聯結。（下面作者僅就部份的特質加以互動聯結，其餘特質的互動聯結，各位讀者可以依實際狀況自行演練並加以驗證。）

紫微的「領導力」與貪狼的「企圖心及行動力」互動聯結，紫微貪狼就具有極強的領導及行動力，只要有方向就很容易會有成就（「有成就」是紫微的特質之一）。

紫微有「財富、聲名、權力」的特質與貪狼的「貪慾」特質互動聯結，紫微貪狼就具有貪圖財富、聲名、權力的特性，顯得自私自利又現實。

如果紫微「剛愎自用」特質與貪狼的「行動力、企圖心」互動聯結，紫微貪狼就變得相當的霸氣，像暴君一樣。

如果紫微的「剛愎自用」與貪狼的「自私自利」互動聯結，紫微貪狼就具有十足自私自利的小人特質。

如果將紫微的「後宮后妃」特質與貪狼「酒色財氣」的特質互動聯結，紫微貪狼就具有「揮霍無度，沈迷酒色」的特質，也就是上面所謂的「桃花犯主」的格局。

從名、權、利、心靈、精神的角度來論，紫微貪狼的特質明顯貪圖名、權、利，少了心靈、精神的修為。

雙星同宮的特性通常都不會只有一種，完全要看當事人處於什麼狀況之下，選擇適合的特質來作互動聯結並加以解釋，這樣才會有比較貼切的論斷結果。

紫微天相：先分別列出兩顆星曜的「字面、場景」，再作互動的聯結。

紫 微 星：字面「紫」→紫禁城→場景：『紫禁城裡的人、事、物、景、生活。』

天 相 星：字面「相」→宰相→食衣住祿。

字面「相」→宰相→商鞅→場景：『商鞅變法，在瀑布旁制訂治國良方。』

首先，依上列的特質先作各別解釋。其次，看有沒有形成特殊格局。紫微天相同宮並沒有形成任何格局。最後作互動聯結。（下面作者僅就部份的特質加以互動聯結，其餘特質的互動聯結，各位讀者可以依實際狀況自行演練並加以驗證。）

紫微的「領導力」與天相的「守規矩」互動聯結，紫微天相就具有按步就班，循序漸進往前走的特質。

紫微的「霸氣、自以為是、老大」特質與天相「守規矩」的特質互動聯結，就具有不穩定的特性，一下要這樣，一下又強烈要求要那樣，往往讓人不知道要如何是好。

紫微的「財富、權力」特質與天相「食、衣、祿、宰相」的特質互動聯結，紫微天相就具有富貴的特性。

紫微「不負責任、自以為是」的特質與天相「吹毛求疵」的特質互動聯結，紫微天相就具有要求很多又不願意對結果負責的特性。

紫微「耳根軟、愛聽好話」的特質與天相「惻隱之心」的特質互動聯結，紫微天相就具有容易受騙的特性。

從名、權、利、心靈、精神的角度來論，紫微天相的特質除了名、權、利，之外，因為天相有惻隱之心，所以多了對人性的同情，所以也具有心靈、精神的修為。

雙星同宮都具有不只有一種以上的特性，而且不一定就是好或者壞的特性，是好是壞完全看當事人本身展現出來的修養而定。當然同宮中的吉星及煞星的力量也會對雙星特性偏好偏壞產生影響，不過，當事人本身展現出來的修養還是最重要的。

紫微七殺：先分別列出兩顆星曜的「字面、場景」，再作互動的聯結。

紫微星：字面「紫」↓紫禁城↓場景：『紫禁城裡的人、事、物、景、生活。』

七殺星：字面「殺」↓冷面殺手出手快。在那裡就殺那裡。

字面「殺」→戰爭→場景：『戰爭、死傷慘重、斷垣殘壁。』

首先，依上列的特質先作各別解釋。其次，看有沒有形成特殊格局。紫微七殺沒有什麼特別的格局。最後作互動聯結。（下面作者僅就部份的特質加以互動聯結，其餘特質的互動聯結，各位讀者可以依實際狀況自行演練並加以驗證。）

紫微的「霸氣、領導力」與七殺的「殺氣」互動聯結，讓紫微七殺具有十足冷酷強勢的領導能力，決策的速度變得相當快又大膽。也讓紫微七殺具有相當強的戰鬥力，甚至有好戰的傾向。言出必行，絕不變卦，死不認錯。

紫微的「照顧百姓」與七殺的「師出有名，正義感」互動聯結，讓紫微七殺具有講義氣，為人強出頭的特質。

紫微的「揮霍、浪費」與七殺的「戰爭耗財」互動聯結，讓紫微七殺具有破財、花大錢、花錢不手軟的特性。

紫微的「陰沈」與七殺的「苦悶」互動聯結，讓紫微七殺具有陰沈冷酷的特性。

紫微的「心靈空虛」與七殺的「孤單」互動聯結，讓紫微七殺具有心靈孤單，感情不順的特性。

紫微的「財富、權力」與七殺的「戰爭」互動聯結，讓紫微七殺有為財富、權力而戰的特性。

從名、權、利、心靈、精神的角度來論，紫微七殺的特質明顯偏向為名、權、利而戰，少了心靈、精神的修為。

紫微破軍：先分別列出兩顆星曜的「字面、場景」，再作互動的聯結。

紫微星：字面「紫」→紫禁城→場景：『紫禁城裡的人、事、物、景、生活。』

破軍星：字面「破」→在那裡就破那裡。破敗、破壞、突破。

字面「破」→破銅爛鐵→垃圾→場景：『大海邊的垃圾處理場、資源回收場，垃圾車進進出出。張飛在管理。』

首先，只要就各星在人事物上原有的特質分開解釋就可以了，所以雙星的宮位就具有上列的雙重特質。

其次，看看有沒有形成格局，如果沒有形成格局，就進入兩顆星互動上的聯結。紫微破軍是有形成格局，不過，格局的意義在下面的互動聯結中可以作出同樣的解釋，所以不再特別提出來。

接著，從兩顆星的特質中找出可以彼此產生互動關係的特質，並加以聯結起來解釋。（下面作者僅就部份的特質加以互動聯結，其餘特質的互動聯結，各位讀者可以依實際狀況自行演練並加以驗證。）

紫微好的特質「有領導力」，破軍好的特質「有衝勁」，當形成紫微破軍雙星同宮時，可以將這兩種好的特質聯結起來，優點是有很強勢有力的領導力足以帶領部屬突破困境，或者自己有足夠的鬥志突破困境開創新局。

這種論法就是互動聯結，用在雙星同宮時會因為選用的特質不同產生相當靈活的論命結果。例如，選用紫微星具有「財富」的特質，破軍有「戰鬥力」的特質，兩者聯結結果會形成拚命賺錢的特質，而且往往會有不錯的成果。如果選用壞的特質結果就完全不一樣了。上例中如果選用破軍具有「破敗」的壞特質，兩者聯結的結果會形成破敗的壞結果。如果選用紫微「主管」的特質，破軍「破敗」的特質，聯結的結果是與官無緣或者是失職丟官。如果選用紫微「強勢」，破軍「衝動」的特質，兩者聯結就會形成「火爆」的個性或者「暴君」型的人物。

當走運遇到紫微破軍同宮時，依聯結結果來看，如果有化權化祿化科進入或者吉星的加持，這時會把紫微破軍的好特質明顯的帶出來，紫微「有成就」，破軍有「資源回收再利用的特質（相當於從厄運轉好運）」，聯結的結果會形成「轉運的好時機」。反之，如果遇到化忌或者煞星衝擊，就會把紫微的「成就」跟破軍的「破敗」聯結起來，就要小心要走厄運了！

如果沒有明顯的吉凶星的加持或者衝擊，紫微破軍聯結的結果就看當事人原有處事的風格了，處事細心則偏向好的結果，如果處事粗心大意（破軍的壞特質），就會偏向不好的結果了。

從名、權、利、心靈、精神的角度來論，紫微破軍的特質明顯偏向名、權、利的競爭，少了心靈、精神的修為。

所以，雙星同宮的意義並不能以簡單的方式來表達，完全要依當事人所處的狀況來決定。如果當事人本身紫微及破軍的特質偏向好的，那麼紫微破軍同宮聯結後的特質就會偏向比較優秀的。反之則偏向壞的。

天機太陰：先分別列出兩顆星曜的「字面、場景」，再作互動的聯結。

天 機 星：字面「機」→機械、機智、天機、心機。

字面「天機」→孔明→場景：『孔明戴著眼鏡，坐在他發明的孔明車上，一面泡茶一面遊山玩水。』

太 陰 星：字面「陰」→晚上→夜→月亮→陰廟。

字面「太陰」→氣質美女→場景：

『海邊別墅，氣質美女的一天。』

『早上：打掃清潔、整理房子、記帳。』

『下午：悠閒的畫畫、慵懶的在沙發上看書、聽音樂、喝咖啡。』

『晚上：打扮的美美的，穿的漂漂亮亮的，開賓士車或搭計程車去酒店的餐廳用餐。』

『睡覺：十二點以後上床睡覺。』

首先，依上列的特質先作各別解釋。其次，看有沒有形成特殊格局。天機太陰沒有形成特殊的格局。最後作互動聯結。（下面作者僅就部份的特質加以互動聯結，其餘特質的互動聯結，各位讀者可以依實際狀況自行演練並加以驗證。）

天機「動腦」與太陰「細心、女人」的特質互動聯結，讓天機太陰具有心思細膩、思慮週全的特性，適合文勝不利武鬥。

天機「遊山玩水」的特性與太陰「女人」的特質互動聯結，讓天機太陰具有遊歷中浪漫邂逅的特性，也讓天機太陰的感情變得不穩定，追尋浪漫的邂逅，也有處處留情的特性。

天機有「心機」的特質，與太陰的「安定」互動聯結，讓天機太陰具有深沈不動，不易讓人了解的特性。

天機「設計、規劃」的特質，與太陰「不動產」的特質互動聯結，讓天機太陰具有從事不動產設計規劃而獲利的特性。

天機「設計、規劃、機械」的特質，與太陰「不動產」的特質互動聯結，讓天機太陰具有從事結合機械設備、不動產設計規劃而獲利的特性，或者從事機械設備設計規劃的事業。

天機「鑽牛角尖」與太陰的「弱格」互動聯結，讓天機太陰具有放不開、宅男宅女的特性。

從名、權、利、心靈、精神的角度來論，天機太陰的特質明顯偏向名及心靈、精神的修為，而少了爭權奪利的特性。

天機巨門：先分別列出兩顆星曜的「字面、場景」，再作互動的聯結。

天　機　星：字面「機」↓機械、機智、天機、心機。

字面「天機」↓孔明↓場景：『孔明戴著眼鏡，坐在他發明的孔明車上，一面泡茶一面遊山玩水。』

巨門星：字面「巨」↓大↓大嘴巴↓口。

字面「門」↓六扇門↓專門、暗門、偏門、後門、闖空門、門診。

字面「巨」↓大嘴巴誹謗↓上法院↓場景：『上法院，問鬼神吉凶。』

首先，依上列的特質先作各別解釋。

其次，看有沒有形成特殊格局。天機巨門形成兩個特殊的格局，一個是「巨機居酉，縱遇財官也不美」，意思是成就不大，就算有成就也不長久，先成後敗。另一個是「巨機居卯，位至公卿」，意思是有官運，努力易成。最後作互動聯結。（下面作者僅就部份的特質加以互動聯結，其餘特質的互動聯結，各位讀者可以依實際狀況自行演練並加以驗證。）

天機的「反應快、善口才」與巨門的「愛說話」互動聯結，讓天機巨門具有極佳的口才，巨門原本容易說錯話，有了天機，讓巨門說話的內容及品質提昇了，不但條理分明，言之有物，極為善辯，甚至詭辯，這種特質容易在動口的行業上有極佳的表現。

天機的「洞察力」與巨門的「專門、暗門」互動聯結，讓天機巨門具有極佳極專業的洞察力，可以看到別人看不到的現象或事實。

天機的「心機」與巨門的「法律、說謊話」互動聯結，讓天機巨門具有走法律的旁門左道的特性，如司法黃牛、極力脫罪、甚至作偽證。同時也有說謊鬥心機的特性。

天機的「心機」與巨門的「惹是非」互動聯結，讓天機巨門具有心術不正的特性。

天機的「機械、車子」與巨門的「惹是非」互動聯結，讓天機巨門具有意外災傷的特性。

天機的「心機」與巨門的「暗門」互動聯結，讓天機巨門具有陰沈、放不開的特性。

天機的「遊山玩水」與巨門的「口才」互動聯結，讓天機巨門具有從事導遊、導覽的實力及特性。

從名、權、利、心靈、精神的角度來論，天機巨門的特質明顯偏向心靈、精神的修為，而少了爭權奪利的特性。

天機天梁：先分別列出兩顆星曜的「字面、場景」，再作互動的聯結。

天機星：字面「機」→機械、機智、天機、心機。字面「天機」→孔明→場景：『孔明戴著眼鏡，坐在他發明的孔明車上，一面泡茶一面遊山玩水。』

天梁星：字面「梁」→梁山好漢→場景：『梁山好漢去上課，老師認真講課，好漢們做自己的事，還蹺課到老廟玩。』

首先，依上列的特質先作各別解釋。其次，看有沒有形成特殊格局。天機天梁沒有形成特殊的格局。最後作互動聯結。（下面作者僅就部份的特質加以互動聯結，其餘特質的互動聯結，各位讀者可以依實際狀況自行演練並加以驗證。）

天機的「反應快、善言語」與天梁的「老師、訓示」互動聯結，讓天機天梁具有喜歡講大道理訓示人的特性，這種特性往往讓人受不了。

天機的「自以為是」與天梁的「老人、固執」互動聯結，讓天機天梁具有相當固執、自以為是、難以溝通的特性。

天機的「善良」與天梁的「喜歡助人」互動聯結，讓天機天梁具有極端熱心助人的特性，甚至到了雞婆的程度。

天機的「反應快、善言語」與天梁的「威脅、欺負」互動聯結，讓天機天梁具有言語威脅恐嚇的壞特性。

天機的「心機」與天梁的「固執」互動聯結，讓天機天梁具有記仇的特性。

從名、權、利、心靈、精神的角度來論，天機天梁的特質明顯偏向心靈、精神的修為，而少了爭權奪利的特性。

（再次強調，任何雙星同宮並不會只有一種解釋，雙星的特性是好是壞完全依兩顆星不同特質的組合結果而定，可以確定的是雙星同宮沒有絕對好或者絕對壞，一定是有好有壞。）

第十四天課程結束。接下來將進入第十五天的課程介紹雙星同宮（二）：太陽天梁、太陽巨門、太陽太陰、武曲天府、武曲貪狼、武曲天相、武曲七殺、武曲破軍。

第十五天課程：雙星同宮（二）：太陽天梁、太陽巨門、太陽太陰、武曲天府、武曲貪狼、武曲天相、武曲七殺、武曲破軍

太陽天梁：先分別列出兩顆星曜的「字面、場景」，再作互動的聯結。

太陽星：字面「太陽」→『太陽自轉，不斷燃燒自己提供能源給萬物。』

天梁星：字面「梁」→梁山好漢→場景：『梁山好漢去上課，老師認真講課，好漢做自己的事，還蹺課到老廟玩。』

首先，依上列的特質先作各別解釋。其次，看有沒有形成特殊格局。陽梁並沒有形成特別的格局。最後作互動聯結。（下面作者僅就部份的特質加以互動聯結，其餘特質的互動聯結，各位讀者可以依實際狀況自行演練並加以驗證。）

太陽的「愛心、犧牲」與天梁的「善良、樂於助人」互動聯結，讓太陽天梁具有熱心助人為人犧牲到底，為人做牛做馬也不為苦的特性。

太陽的「大男人」與天梁的「固執」互動聯結，讓太陽天梁具有固執大男人的特性。

如果與天梁的「老人」互動聯結，太陽天梁就變成「老男人」了。

太陽的「虎頭蛇尾，三分鐘熱度」與天梁的「欺負人」互動聯結，讓太陽天梁具有一事無成，虛有其表的特性。如果與天梁的「蹺課」互動聯結，就具有失敗後跑路的特性。

太陽的「持續努力，積極」與天梁的「認真」互動聯結，讓太陽天梁具有成就一番事業的特性。

從名、權、利、心靈、精神的角度來論，太陽天梁的特質明顯偏向心靈、精神的修為，而少了爭權奪利的特性。

太陽巨門：先分別列出兩顆星曜的「字面、場景」，再作互動的聯結。

太陽星：字面「太陽」→『太陽自轉，不斷燃燒自己提供能源給萬物。』

巨門星：字面「巨」→大→大嘴巴→口。

字面「門」→六扇門→專門、暗門、偏門、後門、闖空門、門診。

字面「巨」→大嘴巴誹謗→上法院→場景：『上法院，問鬼神吉凶。』

首先，依上列的特質先作各別解釋。其次，看有沒有形成特殊格局。太陽巨門沒有形成特別的格局。最後作互動聯結。（下面作者僅就部份的特質加以互動聯結，其餘特質的互動聯結，各位讀者可以依實際狀況自行演練並加以驗證。）

太陽的「積極」與巨門的「專業」互動聯結，讓太陽巨門具有在專業領域成就的特性。

太陽的「光明磊落」與巨門的「是非」互動聯結，讓太陽巨門具有面對錯誤，認錯承擔責任的特性。反之，如果太陽是「失輝，不夠光明正大」，互動聯結的結果，就讓太陽巨門具有逃避責任，說謊不認錯的特性。

太陽的「熱心，犧牲」與巨門的「口才」互動聯結，讓太陽巨門具有在動口為人服務的行業中成就的特性，像民意代表。

太陽的「積極，光明正大」與巨門的「暗門」互動聯結，讓太陽巨門具有「化暗為明」的特性，像狗仔、新聞人員。

太陽的「積極」與巨門的「得理不饒人」互動聯結，讓太陽巨門具有積極爭勝不退讓不認輸的特性。

從名、權、利、心靈、精神的角度來論，太陽巨門的特質明顯偏向爭權奪利，為名為利，而少了心靈、精神的修為。

（再次強調，任何雙星同宮並不會只有一種解釋，雙星的特性是好是壞完全依兩顆星不同特質的組合結果而定，可以確定的是雙星同宮沒有絕對好或者絕對壞，一定是有好有壞。）

太陽太陰：先分別列出兩顆星曜的「字面、場景」，再作互動的聯結。

太陽星：字面「太陽」→『太陽自轉，不斷燃燒自己提供能源給萬物。』

太陰星：字面「陰」→晚上→夜→月亮→陰廟。

字面「太陰」→氣質美女→場景：

『海邊別墅，氣質美女的一天。』

『早上：打掃清潔、整理房子、記帳。』

『下午：悠閒的畫畫、慵懶的躺在沙發上看書、聽音樂、喝咖啡。』

『晚上：打扮的美美的，穿的漂漂亮亮的，開賓士車或搭計程車去酒店的餐廳用餐。』

『睡覺：十二點以後上床睡覺。』

首先，依上列的特質先作各別解釋。其次，看有沒有形成特殊格局。沒有形成特殊的格局。最後作互動聯結。（下面作者僅就部份的特質加以互動聯結，其餘特質的互動聯結，各位讀者可以依實際狀況自行演練並加以驗證。）

太陽的「男人」與太陰的「女人」互動聯結，讓太陽太陰同時具有男人與女人的特性，女人有男人的個性，男人有女人的特質，剛中帶柔，柔中帶剛，剛柔並濟。一陽一陰謂之「易」，指情況變化不定一生起伏較大，個性善變。

太陽的「熱心，愛心」與太陰的「氣質柔情」互動聯結，讓太陽太陰散發出優雅的熱情。

太陽的「三分鐘熱度」與太陰的「慵懶」互動聯結，讓太陽太陰具有不積極的特性。

從名、權、利、心靈、精神的角度來論，太陽太陰的特質偏向心靈、精神的修為，而少了爭權奪利，為名為利的特性。

武曲天府：先分別列出兩顆星曜的「字面、場景」，再作互動的聯結。

武曲星：字面「武」→武器、武職、武財神。

字面「武曲」→關公→場景：『關公手持關刀一個人衝入敵營，殺殺殺！』

天府星：字面「府」→王爺府→場景：『王爺府蓋在山坡地上，舉辦化粧舞會，政商名流駕著馬車來參加。』

首先，依上列的特質先作各別解釋。其次，看有沒有形成特殊格局。沒有形成特殊格局。最後作互動聯結。（下面作者僅就部份的特質加以互動聯結，其餘特質的互動聯結，各位讀者可以依實際狀況自行演練並加以驗證。）

武曲的「武財神」與天府的「不動產」互動聯結，讓武曲天府具有相當豐盛的財富，不但有現金、金銀珠寶、各種有價證券、還有不動產土地、房子等等。也善於理財、投資但不投機。

武曲的「忠肝義膽」與天府的「王爺穩重」互動聯結，讓武曲天府具有沈穩又有衝勁的特性。

如果武曲少了「忠肝義膽」與天府的「自私」互動聯結，讓武曲天府具有唯利是圖的特性，反而變得較自私。

武曲的「講義氣」與天府的「不動產，財富」互動聯結，讓武曲天府具有為朋友疏財解困的特性。

武曲的「衝勁」與天府的「交際舞會」互動聯結，讓武曲天府具有以穩重的風格積極參與社交活動的特性。

從名、權、利、心靈、精神的角度來論，武曲天府的特質偏向爭權奪利，為名為利的特性，而少了心靈、精神的修為。

武曲貪狼：先分別列出兩顆星曜的「字面、場景」，再作互動的聯結。

武　曲　星：字面「武」↓武器。武職。武財神。

字面「武曲」→關公→場景：『關公手持關刀一個人衝入敵營，殺殺殺！』

貪狼星：字面「貪」→貪慾。

字面「貪」→賭→『拉斯維加斯的夜生活。酒店前面有噴泉，棕櫚樹。賭客求偏財。警察在維護治安。』

首先，依上列的特質先作各別解釋。其次，看有沒有形成特殊格局。武曲貪狼形成一個特殊格局，「武貪不發少年人，早發亦敗。」

最後作互動聯結。（下面作者僅就部份的特質加以互動聯結，其餘特質的互動聯結，各位讀者可以依實際狀況自行演練並加以驗證。）

武曲的「衝勁」與貪狼的「企圖心」互動聯結，讓武曲貪狼具有極強的企圖心。個性也比較硬。

武曲的「武財神」與貪狼的「貪慾」互動聯結，讓武曲貪狼具有極貪財的特性，有為財不擇手段的現象。

武曲的「正義感」與貪狼的「貪慾，唯利是圖」互動聯結，讓武曲貪狼具有重財利但取之有道的特性，降低貪狼原有的投機性。

武曲的「衝勁」與貪狼的「賭性」互動聯結，讓武曲貪狼具有大起大落的特性。

武曲貪狼同宮讓貪狼的貪慾偏向武曲的財利，反而降低貪狼的色慾。

從名、權、利、心靈、精神的角度來論，武曲貪狼的特質偏向爭權奪利，為名為利的特性，而少了心靈、精神的修為。

武曲天相：先分別列出兩顆星曜的「字面、場景」，再作互動的聯結。

武 曲 星：字面「武」→武器、武職、武財神。

字面「武曲」→關公→場景：『關公手持關刀一個人衝入敵營，殺殺殺！』

天 相 星：字面「相」→宰相→食衣住祿。

字面「相」→宰相→商鞅→場景：『商鞅變法，在瀑布旁制訂治國良方。』

首先，依上列的特質先作各別解釋。其次，看有沒有形成特殊格局。武曲天相沒有形成特殊格局。最後作互動聯結。（下面作者僅就部份的特質加以互動聯結，其餘特質的互動聯結，各位讀者可以依實際狀況自行演練並加以驗證。）

武曲的「武財神」與天相的「食衣住祿」互動聯結，讓武曲天相擁有豐盛的財富，如果與武曲天府比較，只差在不動產比較少。

武曲的「武財神」與天相的「守規矩」互動聯結，讓武曲天相具有規規矩矩認真賺錢的特性。

武曲的「衝勁」與天相的「能力」互動聯結，讓武曲天相具有能力強又有幹勁的特性。

武曲的「武財神」與天相的「惻隱之心」互動聯結，讓武曲天相具有為朋友疏財解困的特性。

從名、權、利、心靈、精神的角度來論，武曲天相的特質偏向重名，同時兼具心靈、精神的修為，而少了爭權奪利的特性。

武曲七殺：先分別列出兩顆星曜的「字面、場景」，再作互動的聯結。

武　曲　星：字面「武」↓武器、武職、武財神。

字面「武曲」↓關公↓場景：『關公手持關刀一個人衝入敵營，殺殺殺！』

七殺星：字面「殺」↓冷面殺手出手快，在那裡就殺那裡。

字面「殺」↓戰爭↓場景：『戰爭、死傷慘重、斷垣殘壁。』

首先，依上列的特質先作各別解釋。其次，看有沒有形成特殊格局。武曲七殺沒有形成特殊格局。最後作互動聯結。（下面作者僅就部份的特質加以互動聯結，其餘特質的互動聯結，各位讀者可以依實際狀況自行演練並加以驗證。）

武曲的「殺氣」與七殺的「戰爭」互動聯結，讓武曲七殺具有強硬無情、好勝、愛競爭的特性。人際關係不佳。容易得罪人。比較孤單。婚姻不佳。

武曲的「武財神」與七殺的「戰爭」互動聯結，讓武曲七殺具有為財而戰的特性，喜歡賺錢，拚命賺錢。

武曲的「正義感」與七殺的「師出有名」互動聯結，讓武曲七殺具有正義感，勇敢有擔當，不怕事的特性。

武曲的「義氣」與七殺的「戰爭，為守家園而戰」互動聯結，讓武曲七殺具有照顧自己家人的特性。為家人出頭，為家人疏財，甚至為家人破財。

從名、權、利、心靈、精神的角度來論，武曲七殺的特質偏向重名，爭權奪利，而少了心靈、精神的修為。

武曲破軍：先分別列出兩顆星曜的「字面、場景」，再作互動的聯結。

武曲星：字面「武」→武器、武職、武財神。

字面「武曲」→關公→場景：『關公手持關刀一個人衝入敵營，殺殺殺！』

破軍星：字面「破」→在那裡就破那裡。破敗、破壞、突破。

字面「破」→破銅爛鐵→垃圾→場景：『大海邊的垃圾處理場、資源回收場，垃圾車進進出出。張飛在管理。』

首先，依上列的特質先作各別解釋。其次，看有沒有形成特殊格局。武曲破軍同宮形成一個格局：「武破同宮，到手成空」，在沒有吉化的情況下，最後必然是敗局，是一個不好的格局。

最後作互動聯結。（下面作者僅就部份的特質加以互動聯結，其餘特質的互動聯結，各位讀者可以依實際狀況自行演練並加以驗證。）

武曲的「武財神」與破軍的「破敗」互動聯結，讓武曲破軍具有得而後失的特性。

武曲的「殺氣」與破軍的「衝動」互動聯結，讓武曲破軍具有不計後果的衝勁。在破軍沒有吉化的情況下，因為破軍具有破敗的特質，結果必然是以失敗收場。只有在破軍吉化武曲沒有化忌或者沒有落入火宮（巳午宮為火宮，會形成火剋金）的情況下才會有好結果。這種特性對人際關係也不利，婚姻不佳，容易得罪人，犯小人。

從名、權、利、心靈、精神的角度來論，武曲破軍的特質偏向重名，爭權奪利，而少了心靈、精神的修為。

第十五天課程結束。接下來將繼續介紹雙星同宮（三）：天同巨門、天同天梁、天同太陰、廉貞天府、廉貞貪狼、廉貞天相、廉貞七殺、廉貞破軍。

第十六天課程：雙星同宮（三）：天同巨門、天同天梁、天同太陰、廉貞天府、廉貞貪狼、廉貞天相、廉貞七殺、廉貞破軍

天同巨門：先分別列出兩顆星曜的「字面、場景」，再作互動的聯結。

天　同　星：字面「同」→資優兒童→『資優班兒童去旅行，有護士姐姐隨行照顧，老師說吃點心前要洗手。』

巨　門　星：字面「巨」→大→大嘴巴→口。

字面「門」→六扇門→專暗偏後空→專門、暗門、偏門、後門、闖空門、門診。

字面「巨」→大嘴巴誹謗→上法院→場景：『上法院，問鬼神吉凶。』

首先，依上列的特質先作各別解釋。其次，看有沒有形成特殊格局。天同巨門沒有形成特殊的格局。最後作互動聯結。（下面作者僅就部份的特質加以互動聯結，其餘特質的互動聯結，各位讀者可以依實際狀況自行演練並加以驗證。）

由於天同的特質在氣勢上明顯小於巨門的氣勢，所以在互動聯結時，會以巨門的特質為主，天同的特質則隨著巨門而異。

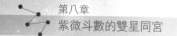

天同的「學習能力」與巨門的「專業」互動聯結，讓天同巨門具有一技之長，手巧的特性。（以巨門為主）

天同的「兒童天真浪漫」與巨門的「暗門」互動聯結，讓天同巨門具有不開朗的特性，一個不快樂的兒童。（以巨門為主）

天同的「資優」與巨門的「口才」互動聯結，讓天同巨門具有很會說話，愛頂嘴，愛辯的特性。（以巨門為主）。天同的「資優」特質很容易讓巨門的特質進一步成為專家。

天同的「不積極」與巨門的「是非」互動聯結，讓天同巨門具有沒什麼作為只會惹是非的特性。（以巨門為主）。天同的「不積極」很容易讓巨門的優點無法發揮，最後是錯失良機，一事無成。

從名、權、利、心靈、精神的角度來論，天同巨門由於巨門的力量較天同大，所以特質偏向名、權、利，而少了心靈、精神的修為（以巨門為主）。

天同天梁：先分別列出兩顆星曜的「字面、場景」，再作互動的聯結。

天同星：字面「同」→資優兒童→『資優班兒童去旅行，有護士姐姐隨行照顧，老師說吃點心前要洗手。』

天梁星：字面「梁」→梁山好漢→場景：『梁山好漢去上課，老師認真講課，好漢們做自己的事，還蹺課到老廟玩。』

首先，依上列的特質先作各別解釋。其次，看有沒有形成特殊格局。沒有形成特殊格局。最後作互動聯結。（下面作者僅就部份的特質加以互動聯結，其餘特質的互動聯結，各位讀者可以依實際狀況自行演練並加以驗證。）

天同的「不積極」與天梁的「泡老人茶」互動聯結，讓天同天梁具有安逸不積極的特性，往往會一事無成。

天同的「資優，學習能力」與天梁的「老師」互動聯結，讓天同天梁具有在公教成就的特性。天同的「資優」特質很容易讓天梁的特質進一步成為專家。

天同的「不積極」與天梁的「蹺課，落跑」互動聯結，讓天同天梁具有不負責任，放任不管的特性。天同的「不積極」很容易讓天梁的優點無法發揮，最後是錯失良機，一事無成。

天同的「天真浪漫，無心機」與天梁的「吃苦耐勞」互動聯結，讓天同天梁具有任勞任怨，不計較的特性。

從名、權、利、心靈、精神的角度來論，天同天梁偏向心靈、精神的修為，而少了名、權、利的特性。

天同太陰：先分別列出兩顆星曜的「字面、場景」，再作互動的聯結。

天　同　星：字面「同」→資優兒童→『資優班兒童去旅行，有護士姐姐隨行照顧，老師說吃點心前要洗手。』

太　陰　星：字面「陰」→晚上→夜→月亮→陰廟。

字面「太陰」→氣質美女→場景：

『海邊別墅，氣質美女的一天。』

『早上：打掃清潔、整理房子、記帳。』

『下午：悠閒的畫畫、慵懶的躺在沙發上看書、聽音樂、喝咖啡。』

『晚上：打扮的美美的，穿的漂漂亮亮的，開賓士車或搭計程車去酒店的餐廳用餐。』

『睡覺：十二點以後上床睡覺。』

首先，依上列的特質先作各別解釋。其次，看有沒有形成特殊格局。天同太陰形成：「水澄桂萼」的格局，在文職文官、考試、測驗、競賽上會有不錯的表現或者成就。最後作互動聯結。（下面作者僅就部份的特質加以互動聯結，其餘特質的互動聯結，各位讀者可以依實際狀況自行演練並加以驗證。）

天同太陰是所有星曜中最弱的兩顆星，沒有戰鬥力，只適合文職工作。具有比較安定，沒什麼大動作的特性，喜歡簡單、安逸，不喜歡複雜、競爭。默默努力，不喜歡大張旗鼓的表現。

天同的「兒童」與太陰的「女人」互動聯結，讓天同太陰具有氣質柔和細心浪漫的特性。男人顯得沒有男人的氣概，文質彬彬，像女人一樣，女人則是柔情萬種，極具女性的魅力。

天同的「資優」與太陰的「文學、藝術」互動聯結，讓天同太陰具有極佳的文學或者藝術修養，會是不錯的文學作家或者藝術家鑑賞家。天同的「資優」特質很容易讓太陰的特質進一步成為專家。天同的「不積極」也很容易讓太陰的優點無法發揮，最後是錯失良機，一事無成。

從名、權、利、心靈、精神的角度來論，天同太陰偏向心靈、精神的修為，而少了名、權、利的特性。

廉貞天府：先分別列出兩顆星曜的「字面、場景」，再作互動的聯結。

廉貞星：字面「廉貞」→廉潔忠貞的人，寡廉鮮恥的人，兩者水火不容。

字面「廉貞」→警察與壞人→場景：『警察追捕壞人，最後用電擊槍逮捕入獄。』

天府星：字面「府」→王爺府→場景：『王爺府蓋在山坡地上，舉辦化粧舞會，政商名流駕著馬車來參加。』

首先，依上列的特質先作各別解釋。其次，看有沒有形成特殊格局。廉貞天府沒有形成特殊格局。最後作互動聯結。（下面作者僅就部份的特質加以互動聯結，其餘特質的互動聯結，各位讀者可以依實際狀況自行演練並加以驗證。）

廉貞的「有擔當」與天府的「主管、能力、成就」互動聯結，讓具廉貞天府具有極強的執行能力，敢做敢當，往往會有不錯的成就。

廉貞的「暴力，脾氣火爆」與天府的「王爺」互動聯結，讓廉貞天府具有老大自以為是脾氣不好的特性。

廉貞的「黑道人物」與天府的「王爺、穩重」互動聯結，讓廉貞天府具有黑道老大或者領袖人物的特性，而且氣質穩重有威儀。

廉貞的「廉潔忠貞」與天府的「主管」互動聯結，讓廉貞天府是一個有守有節行事公正的主管人物。

廉貞的「敢做敢為」與天府的「金庫、財富」互動聯結，讓廉貞天府具有賺大錢的能力及特性。

廉貞的「壞人」與天府的「金庫、財富」互動聯結，讓廉貞天府具有賺黑心錢的特性。

從名、權、利、心靈、精神的角度來論，廉貞天府偏向名、權、利，而少了心靈、精神的修為。

廉貞貪狼：先分別列出兩顆星曜的「字面、場景」，再作互動的聯結。

廉　貞　星：字面「廉貞」→廉潔忠貞的人，寡廉鮮恥的人，兩者水火不容。

字面「廉貞」→警察與壞人→場景：『警察追捕壞人，最後用電擊槍逮捕入獄。』

貪　狼　星：字面「貪」→貪慾。

字面「貪」→賭→『拉斯維加斯的夜生活。酒店前面有噴泉，棕櫚樹。賭客求偏財，警察在維護治安。』

首先，依上列的特質先作各別解釋。其次，看有沒有形成特殊格局。廉貞貪狼沒有形成特殊格局，一切的特性都在互動聯結的組合中。

最後作互動聯結。（下面作者僅就部份的特質加以互動聯結，其餘特質的互動聯結各位讀者可以依實際狀況自行演練並加以驗證。）

廉貞的「有擔當，執行力」與貪狼的「企圖心」互動聯結，讓廉貞貪狼具有不服輸，一定要勝的特性。這種特性如果加上廉貞的「廉潔忠貞」，那麼爭勝的手法就會是正正當當，光明磊落的取勝。如果是加上貪狼的「貪慾，不擇手段」，那麼爭勝的手法就會是不擇手段，甚至違法亂紀都敢。至於是用正面手法還是負面手法，完全看當事人的人品修為了。

廉貞的「壞人」與貪狼的「貪慾，不擇手段」互動聯結，讓廉貞貪狼具有毒辣、手段狠的特性，是一個凶狠的小人。

廉貞的「色」與貪狼的「色，桃花」互動聯結，讓廉貞貪狼具有異性的魅力，或者交際活躍，或者在色慾中打滾的特性。

從名、權、利、心靈、精神的角度來論，廉貞貪狼偏向名、權、利，而少了心靈、精神的修為。

廉貞天相：先分別列出兩顆星曜的「字面、場景」，再作互動的聯結。

廉　貞　星：字面「廉貞」→廉潔忠貞的人，寡廉鮮恥的人，兩者水火不容。

字面「廉貞」→警察與壞人→場景：『警察追捕壞人，最後用電擊槍逮捕入獄。』

天相星：字面「相」→宰相→食衣祿住。

字面「相」→宰相→商鞅→場景：『商鞅變法，在瀑布旁制訂治國良方。』

首先，依上列的特質先作各別解釋。其次，看有沒有形成特殊格局。沒有形成特殊的格局。最後作互動聯結。（下面作者僅就部份的特質加以互動聯結，其餘特質的互動聯結，各位讀者可以依實際狀況自行演練並加以驗證。）

廉貞的「廉潔忠貞」與天相的「正直、負責」互動聯結，讓廉貞天相具有忠心的特質，忠於所做的事，忠於所事的人。孝順父母，行事認真負責，不放棄，會堅持到底。

廉貞的「警察」與天相的「嚴謹、吹毛求疵」互動聯結，讓廉貞天相具有要求嚴格，不留情面，甚至無情的特性。

廉貞的「壞人」與天相的「不怕得罪人」互動聯結，讓廉貞天相具有不怕事，不怕人，容易得罪人的特性。

廉貞的人「壞人」與天相的「正直、規規矩矩」互動聯結，讓廉貞天相具有不太壞有點小壞的特性，不會犯法，但不怕犯點小規。

廉貞的「廉潔」與天相的「嚴謹」互動聯結，讓廉貞天相具有守財，不浪費，甚至吝嗇的特性。錢花在刀口上。

從名、權、利、心靈、精神的角度來論，廉貞天相偏向名、權、利，但天相有外權內靈的特性，所以在內心深處也具有心靈、精神的修為。

廉貞七殺：先分別列出兩顆星曜的「字面、場景」，再作互動的聯結。

廉貞星：字面「廉貞」↓廉潔忠貞的人，寡廉鮮恥的人，兩者水火不容。

字面「廉貞」↓警察與壞人↓場景：『警察追捕壞人，最後用電擊槍逮捕入獄。』

七殺星：字面「殺」↓冷面殺手出手快，在那裡就殺那裡。

字面「殺」↓戰爭↓場景：『戰爭、死傷慘重、斷垣殘壁。』

首先，依上列的特質先作各別解釋。其次，看有沒有形成特殊格局。廉貞七殺形成兩個重要的格局，廉貞化祿七殺叫做「積富之人」，會賺大錢或者很會賺錢的意思。另一個廉貞化忌七殺叫做「路上埋屍」，外出會遭逢不幸的事。

最後作互動聯結。（下面作者僅就部份的特質加以互動聯結，其餘特質的互動聯結，各位讀者可以依實際狀況自行演練並加以驗證。）

廉貞的「警察、壞人」與七殺的「戰爭」互動聯結，讓廉貞七殺具有極強硬的特性，不怕死，不怕傷（當然也容易受到災傷），勇往直前，不放棄、不認輸。

廉貞的「囚」與七殺的「戰爭」互動聯結，讓廉貞七殺具有因為衝突而犯官司，甚至坐牢的特性。

廉貞的「警察」與七殺的「戰爭」互動聯結，讓廉貞七殺具有堅持及戰鬥力，這種力量用在好的地方，容易有成就。

廉貞的「壞人」與七殺的「戰爭」互動聯結，讓廉貞七殺具有十足的破壞性的戰鬥力，容易跟人發生衝突，造成傷害，或者因為衝動而對事情造成傷害。

廉貞的「囚，放不開」與七殺的「苦悶」互動聯結，讓廉貞七殺具有少說話，有苦難言，苦悶不快樂的特性。

從名、權、利、心靈、精神的角度來論，廉貞七殺偏向爭權奪利，而少了心靈、精神的修為。

廉貞破軍：先分別列出兩顆星曜的「字面、場景」，再作互動的聯結。

廉貞星：字面「廉貞」↓廉潔忠貞的人，寡廉鮮恥的人，兩者水火不容。

字面「廉貞」↓警察與壞人↓場景：『警察追捕壞人，最後用電擊槍逮捕入獄。』

破軍星：字面「破」↓在那裡就破那裡。破敗、破壞、突破。

字面「破」↓破銅爛鐵↓垃圾↓場景：『大海邊的垃圾處理場、資源回收場，垃圾車進進出出。張飛在管理。』

首先，依上列的特質先作各別解釋。其次，看有沒有形成特殊格局。沒有形成特殊的格局。最後作互動聯結。（下面作者僅就部份的特質加以互動聯結，其餘特質的互動聯結，各位讀者可以依實際狀況自行演練並加以驗證。）

廉貞的「壞人」與破軍的「破壞力，衝動」互動聯結，讓廉貞破軍具有十足的破壞力，可以說是亂搞，不計後果的破壞力。是十足的敗局。

廉貞的「廉潔忠貞」與破軍的「衝動」互動聯結，讓廉貞破軍具有愚忠或者陽奉陰違的特性。廉貞服從的特性，會因為破軍的衝動，變成表面上的服從，破軍終究還是控制不了自己的衝動。

廉貞的「警察、壞人」與破軍的「衝動」互動聯結，讓廉貞破軍具有強硬衝動的特性，容易得罪人，人際關係不佳。

廉貞的「堅持」與破軍的「衝勁、資源回收再利用」互動聯結，讓廉貞破軍具有起死回生，轉機的特性。

廉貞的「囚」與破軍的「衝動」互動聯結，讓廉貞破軍具有因為衝動破壞而犯官司，甚至坐牢的特性。

從名、權、利、心靈、精神的角度來論，廉貞破軍偏向爭權奪利，而少了心靈、精神的修為。

第十六天課程結束。至此，紫微斗數的雙星組合全部介紹完畢。

作者再提醒各位讀者，千萬不要勉強去背雙星組合的意義，一定要習慣用雙星的互動聯結來詮釋雙星的意義，這樣在命理的解析上才能隨著情況而變，真正達到出神入化的神奇地步！

下一章要進入星曜解說的最後一個部份，多顆星曜組成的「格局」。本章所介紹的雙星組合是用兩顆星曜的互動聯結來解釋雙星同宮時的意義，但是當多星組合時有時會產生另一個相當不一樣的意義，這種特殊的組合就叫做「格局」。在下一章中會一一介紹重要的格局組合，格局相當的重要，它幾乎能主宰命格的吉凶，所以各位讀者務必要熟記下一章介紹的重要格局。

第九章　紫微斗數的重要格局（第十七天至第二十天課程）

接下來要進入最後階段的課程，介紹紫微斗數的格局。

在紫微斗數裡當數顆星曜在同宮或者對宮互相碰撞時，某些星曜的組合會產生特殊的意義，這些星曜的組合就叫做「格局」。在紫微斗數裡「格局」的影響力最大，要先解釋「格局」的意義及影響力，其次再解釋各星曜的意義。

依作者的論命經驗，「格局」的形成只要看同宮各星曜或者本宮和對宮各星曜即可，不必看三方四正。

接著，作者依主星的順序逐一的介紹紫微斗數裡的重要格局，為了方便各位讀者學習，作者把格局的意義極度簡化再加上說明，讓各位讀者能夠很容易就記住格局的意義。

第十七天課程：格局介紹（一）

紫微

1.『**孤君格**』：紫微沒有左輔、右弼同宮或者在對宮或者在左右兩宮夾輔，稱紫微為：『孤君』，不吉。這時皇帝身邊沒有好人，紫微星只會發揮它原本的缺點。結果是：無人相助，勞心勞力。

2.『**君臣慶會格**』：紫微有左輔、右弼同宮或者在對宮（有一顆即可），或者在左右兩宮夾輔，稱為：『君臣慶會』，吉旺。這時皇帝有了得力助手，會把紫微原有的優點發揮出來。結果是：能力佳，容易有成就。

3.『**君臣不義格**』：紫微跟破軍一在辰宮一在戌宮稱為『紫破辰戌，君臣不義』，不吉。結果是：事情會有變卦，會有人背叛，容易失敗。

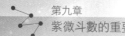

4.『**帝遇凶徒格**』：紫微擎羊同宮時，這時皇帝身邊有一個小人，稱為：『帝遇凶徒』，不吉。結果是：容易走偏學壞，所遇非人，事情被破壞，容易失敗。

天機

1.『**孤剋格**』：天機＋天梁＋擎羊在同宮或者對宮時稱為『天機天梁擎羊會，早見刑剋晚見孤』，凶。結果是：六親無緣，聚少離多，生離死別。

2.『**刑剋格**』：天機＋擎羊同宮：『刑剋』，凶。結果是：六親緣淡，傷親近的人。

太陽

1.『**武貴格**』：太陽（旺）＋天刑或擎羊同宮：『武貴』，吉。結果是：有衝勁，容易成功，有成就。

2.『**災病格**』：太陽（弱）＋天刑或羊陀火鈴四煞星之一同宮：災傷疾病，凶。結果是：有重大疾病或者災傷。（註：疾病或者災傷的部位通常和太陽代表的部位有關，像心血管、眼睛、頭部等。）

3.『**陽梁昌祿格**』：太陽（旺）＋天梁＋文昌＋祿存同宮或者對宮稱為：『陽梁昌祿，財官昭著』，吉旺。結果是：容易成功，有成就。

第十七天課程結束。

武曲

1.『**孤剋格**』：武曲＋羊或陀同宮或者對宮：『孤剋』，凶。結果是：與人不合，易衝突，孤單一人。

2.『**到手成空格**』：武曲＋破軍同宮稱為『武破同宮，到手成空』，凶。結果是：要的得不到，得而復失。（註：到手會成空主要是因為破軍的破敗力量造成的，所以當破軍有化祿或者化權時，就不會到手成空了。）

3.『**寡宿格**』：武曲化忌：『寡宿』，凶。結果是：六親無緣，聚少離多，生離死別。

4.『**寡宿格**』：武曲＋火星或鈴星同宮或者對宮：『寡宿』，凶。結果是：六親無緣，聚少離多，生離死別。

5.『**鈴昌陀武格**』：鈴星＋文昌＋陀羅＋武曲同宮或對宮稱為『鈴昌陀武，限至投河』，凶。結果是：意外災厄，甚至死亡。

6.『**鈴昌忌武格**』：鈴星＋文昌＋化忌＋武曲同宮或對宮稱為『鈴昌忌武，限至投河』，凶。結果是：意外災厄，甚至死亡。

7.『**因財持刀格**』：武曲＋擎羊＋火星或鈴星同宮或對宮稱為『因財持刀』，凶。結果是：破財，因財犯罪，強取豪奪。

8.『**因財持刀格**』：武曲＋擎羊＋七殺同宮或對宮稱為『因財持刀』，凶。結果是：破財，因財犯罪，強取豪奪。

9.『**因財被劫格**』：武曲＋七殺＋火星或鈴星同宮或對宮稱為『因財被劫』，凶。結果是：破財，被劫財。

10.『**武貪格**』：武曲＋貪狼同宮：『武貪不發少年人』，不吉。結果是：中年以後才有可能發旺，中年之前發也虛發，先成後敗。

11.『**金空則鳴格**』：武曲＋地空同宮稱為『金空則鳴』，佳。結果是：有名無財。

廉貞

1.『**路上埋屍格**』：廉貞化忌＋七殺同宮稱為：『路上埋屍』，凶。結果是：意外災厄，甚至死亡。

2.『**積富格**』：廉貞化祿＋七殺同宮時稱為『積富之人』，吉旺。結果是：努力有成就賺大錢。

3.『**巧藝格**』：廉貞化祿＋文昌或文曲同宮稱為『巧藝之人』，佳。結果是：會學一技之長或者有一手功夫或有特別才能或者嗜好。

4.『**誤入歧途格**』：廉貞化忌＋文昌或者文曲同宮稱為『誤入歧途』，不吉。結果是：染上惡習。

5.『**刑囚會印格**』：廉貞化忌＋天相＋擎羊同宮或者對宮稱為『刑囚會印』，凶。結果是：犯法，違規，吃官司，受處罰或者囚牢。

6.『**泛水桃花格**』：廉貞＋貪狼在亥宮稱為『泛水桃花』，不吉。結果是：桃花太旺帶來困擾，人緣佳。（註：如果廉貞化忌或者貪狼化忌時，桃花會變作桃花劫，因色犯法、破財或者受到傷害，甚至自裁。）

第十八天課程結束。

天府

1.『**孤君格**』：天府沒有左輔、右弼同宮或者在對宮或者在左右兩宮夾輔，稱為『孤君』，不吉。這時王爺身邊沒有好人，天府星只會發揮它原本的缺點。結果是：無人相助，勞心勞力。

2.『**君臣慶會格**』：天府有左輔、右弼同宮或者在對（有一顆即可）宮或者在左右兩宮夾輔，稱為『君臣慶會』，吉旺。這時王爺有了得力助手，會把天府原有的優點發揮出來。結果是：容易有成就。

3.『**土空則陷格**』：天府＋地空同宮稱為『土空則陷』，不佳。結果是：孤立，無助力，無法成事。

太陰

1.『**水澄桂萼格**』：太陰＋天同在子宮稱為『水澄桂萼』，吉。結果是：文職顯貴，聰明伶俐。

2.『**人離財散格**』：太陰＋擎羊同宮或對宮稱為『人離財散』，凶。結果是：人走了，財破了。人財兩失。

3.『**十惡格**』：太陰＋火星或鈴星同宮或對宮稱為『十惡』，凶。結果是：叛逆，多行不正，事事不順。

貪狼

1.『**火貪鈴貪格**』：火星＋貪狼或者鈴星＋貪狼同宮或對宮稱為『火貪鈴貪格』，吉。結果是：充滿戰鬥力，在一番努力後會突發興旺。又稱『突發格』。

2.『**風流刑杖格**』：貪狼＋擎羊同宮或對宮稱為『風流刑杖』，凶。結果是：因色犯法。桃花劫。受處罰或受到傷害。

3.『**昌貪曲貪格**』：文昌＋貪狼或者文曲＋貪狼同宮或者對宮稱為『正事顛倒、粉身碎骨』，凶。結果是：一事無成，失敗，不行正道。

4.『**異路功名格**』：文昌＋貪狼吉化或者文曲＋貪狼吉化＋或是文昌吉化＋貪狼、文曲吉化＋貪狼稱為『異路功名』，吉。結果是：學非所用，但仍能成功。有實無名，有實力卻無功名。

巨門

1.『**石中隱玉格**』：巨門吉化在巳宮或午宮稱為『石中隱玉』，佳。結果是：先苦後甘，先敗後成。

2.『**巨羊陀格**』：巨門＋擎羊或陀羅同宮或對宮稱為『邪淫亂性』，凶。結果是：爛桃花、桃花劫。

3.『**巨機酉宮格**』：巨門＋天機在酉宮稱為『巨門天機酉宮居，縱遇財官也不美』，不佳。結果是：先成後敗。成亦不久。

4.『**巨機卯宮格**』：巨門＋天機在卯宮稱為『巨機卯宮居，位至公卿矣』，吉。結果是：努力易成，會有成就。

5.『**巨火羊格**』：巨門＋火星＋擎羊同宮或對宮稱為『巨火羊，死他鄉』，凶。結果是：意外災厄。（註：當巨門吉化時，上面的格局反而成為吉格稱為『巨吉火羊，一舉名揚』，吉。結果是，一番努力後成就名揚。）

6.『**巨吉火羊格**』：巨吉火羊，一舉名揚。

7.『**巨火格**』：巨門＋火星同宮：『水火不容』，凶。結果是：衝突不斷。

天相

1.『**水空則氾格**』：天相＋地空同宮稱為『水空則氾』，不佳。結果是：失敗。不成。

2.『**羊相巧藝格**』：天相＋擎羊或陀羅同宮：『巧藝』，佳。結果是：學有專長。

3.『**火相殘疾格**』：天相＋火星或鈴星同宮：『殘疾』，不吉。結果是：身體有殘或病。

天梁

1.『**同梁巳亥格**』：天同＋天梁一在巳宮一在亥宮稱：『同梁巳亥，男浪蕩女多淫』，不吉。結果是：犯桃花劫。感情多不專。

2.『**邪惡格**』：天梁（弱）＋羊陀火鈴四煞之一同宮或對宮：『被帶壞了』，不佳。結果是：個性變壞。事敗不成。

七殺

1.『**受虐格**』：七殺＋鈴星或擎羊同宮或對宮稱為『七殺專依鈴、羊之虐』，凶。結果是：受苦、吃苦。無法發揮。

2.『**殺破狼格**』：七殺＋破軍＋貪狼在三方稱為『殺破狼格』，不佳。結果是：變動、不穩定。波折起伏。（註：這是唯一用到三方的格局。）

破軍

1.『**破羊陀火鈴格**』：破軍＋羊陀火鈴四煞星之一：技術技能。殘疾不佳。修道。

2.『**受虐格**』：破軍＋鈴星或擎羊同宮或對宮稱為『破軍專依鈴、羊之虐』，凶。結果是：受苦、吃苦。無法發揮。

3.『**破吉格**』：破軍與其他吉星同宮稱為『與破軍同宮吉星也凶』。結果是：一事無成。先成後敗。外華內虛。

4.『**破文格**』：破軍＋文昌或文曲同宮稱為『破文格』，凶。結果是：水厄。命喪黃泉。外華內虛。

第十九天課程介紹完畢。

其他

1.『**折足馬格**』：天馬＋化忌同宮或對宮稱為『折足馬』，凶。結果是：事情受阻不前，無法成事。

2.『**祿逢空劫格**』：化祿＋地空或地劫同宮稱為『祿逢空劫，際遇不美』，凶。結果是：好事成空。一事無成。

3.『**空劫夾忌格**』：地空及地劫在左右兩宮夾化忌稱為『空劫夾忌』，凶。結果是：失敗，失去。

4.『**祿馬交馳格**』：天馬＋祿存在同宮或對宮稱為『祿馬交馳』，吉。結果是：財旺，會賺錢。

5.『**馬頭帶箭格**』：擎羊居午宮稱為『馬頭帶箭』，凶。結果是：終身奔忙，但不一定會有所成就。

6.『**三奇嘉會格**』：化科＋化權＋化祿同宮或對宮稱為『三奇嘉會』，吉。結果是：能力佳，努力容易會有成。（註：要命格有力才有用，否則為假相，最終還是沒什麼成就。）

7.『**折足馬格**』：天馬＋陀羅同宮或對宮：『折足馬』，凶。結果是：事情受阻不前，無法成事。

8.『**火羊格**』：火星或鈴星＋擎羊同宮或對宮稱為『火羊格』，佳。結果是：有衝勁，有權威，但辛勞。

9.『**戰馬格**』：天馬＋火星或鈴星同宮或對宮稱為『戰馬』，不佳。結果是：奔忙，但不一定有成。

10.『**火空則發格**』：火星或鈴星＋地空同宮稱為『火空則發』，吉。結果是：努力會有成就。

11.『**雙祿交馳格**』：化祿＋祿存在同宮或對宮稱為『雙祿交馳』，吉。結果是：會賺大錢，財運很好。

12.『**羊陀夾忌格**』：擎羊及陀羅在化忌左右兩宮夾制稱為『羊陀夾忌』，凶。結果是：失敗、失去、壓力、挫折。

13.『**忌煞交沖格**』：化忌＋羊陀火鈴空劫六煞星之一同宮或對宮稱為『忌煞交沖』，凶。結果是：事敗不成、財破不聚、生離死別、惡疾纏身。

14.『**祿逢忌破格**』：化祿＋化忌同宮或對宮稱為『祿逢忌破』，不吉。結果是：吉中藏凶、事逢破壞、先成後敗、一事無成。

15.『**魁鉞夾命格**』：天魁及天鉞夾命宮稱為『魁鉞夾命』，吉。結果是：能力佳，有貴人相助，努力容易功成名就。

第二十天課程結束。

至此，紫微斗數裡的重要格局已經介紹完畢。上面這些格局是作者在論命的過程中經常使用到的，已經過多年實際的驗證，都是對運勢及命格非常有影響力的格局，各位讀者務必要好好的熟記，日後在為人論命時才能正確的點出當事人命格的吉凶優劣。

二十天課程已經全部介紹完畢，各位讀者若能細細體會作者介紹的學習方法，那麼，過去對紫微斗數各星曜的星性模模糊糊的情形會完全改善過來。現在看到一顆星曜必然會進入一個「場景」裡，清清楚楚的看到星曜的特性以及代表的人事物景。雖然本書只是介紹星曜特性而已，但各位讀者在讀完本書之後，對星性的了解可以說已經進入雲開天青的地步。日後各位讀者再經實際論命的體驗之後，紫微斗數論命功力必定大增！

接著，作者在下一章中要以實際的案例來說明如何運用「字面、場景法」來正確的解析命盤。

在本章中作者以實際的命例來說明『字面、場景法』的運用方式，至於完整的詳細命盤解析技巧，作者亦有獨特的私藏秘訣，日後有機緣的話再另外專書公開。

在實例中作者會詳細介紹如何從『字面、場景』中找出答案，所以，有時候說明的內容會稍微多些。但是，詳細的說明是要讓各位讀者能習慣『字面、場景法』的思考模式，一旦各位讀者每次看到星曜時能立刻進入相對應的『字面、場景』中，在解析命盤時就不會亂了方向不知道該如何解盤了。而且還能擴大推衍的內容，讓命盤的解析更靈活更符合當事人的實際情況，解盤者也能提出更貼切更實際的建議。案例中各宮位解說的內容只是一小部份作為說明而已，各位讀者可以拿自己熟悉的實例，找出更多的答案印證看看。

由於本書是初階的星曜介紹，並未涉及解盤技巧。在進入實際案例說明時，每一個案例都會選擇不同的宮位來說明，並且避免使用到較複雜的解盤技巧，以免造成初學者的困擾。如果在說明中必須使用到特定的解盤技巧，作者會作輔助說明，讓各位讀者能充分了解來龍去脈，再進行案例說明。

在『字面、場景』中原本就已經含蓋了星曜可能成就的高低、成敗的因果、優缺點的影響等等重要的人生因素，在解析命盤時掌握這些因素相當重要。所以，在解析命盤時，作者會特別的不斷的提醒各位讀者注意，讓各位讀者能習慣『字面、場景法』的解盤技巧。

後面開始介紹實例：（註：當事人的出生資料基於隱私都予以刪除）

實例命盤一：A女士

（提醒一：在解析任何宮位時，都要習慣性的先反應出宮內每顆主星及副星的『字面、場景』，再從中找到相關的答案。在第一個案例中會花比較多的篇幅一步一步的詳

天機 八座 天巫 天廚 破碎 天刑 己巳【事業】82-91 一三	紫微 天傷 庚午【僕役】72-81 ○五	天鉞 天官 天才 天空 辛未【遷移】62-71 ×身	破軍權 天馬 天使 喪門 孤辰 地劫 壬申【疾厄】52-61 一四
七殺 鳳閣 解神 寡宿 戊辰【田宅】 一三	實例命盤一 A女士 陽女 甲午年【民國43年】 月 日 時		紅鸞 三台 天貴 恩光 天福 天姚 癸酉【財帛】42-51 ×四
太陽忌 天喜 天梁 台輔 擎羊 咸池 丁卯【福德】 ○六			廉貞祿 龍池 天府 陰煞 官符 華蓋 火星 甲戌【子女】32-41 ○六
武曲科 天相 祿存 右弼 蜚廉 天月 白虎 地空 丙寅【父母】 ○六	天同 巨門 文昌 文曲 天魁 陀羅 天壽 大耗 丁丑【命宮】02-11 ×二	貪狼 左輔 天虛 天哭 鈴星 丙子【兄弟】12-21 ○二	太陰 封誥 劫殺 乙亥【夫妻】22-31 ○六

細說明如何運用『字面、場景法』及星曜之間的『互動聯結』來解析命盤。之後的各案例則會逐漸的減少說明內容，直接從『字面、場景』中找答案，只作少數必要的說明。）

（提醒二：從靜盤中每個宮位的強弱吉凶可以看出當事人潛在的機會、助力、成就、危機、傷害，所以在解析命盤時要注意每顆星曜的『字面、場景』所顯示的強弱力量及吉凶。在解析靜盤的吉凶時還會用到飛星紫微斗數解盤技巧中的『自化祿權科忌』及『射出祿權科忌』兩種技巧，才能確實掌握靜盤的吉凶。這兩種技巧作者會在解盤時說明如何使用，各位讀者務必要先學起來，才能在解析靜盤時達到正確神準的地步。

命宮：（個性、特質、命格好壞、對其他宮位的潛在影響）

主星有天同巨門，副星有文昌文曲天魁陀羅。要先習慣性的反應出各星曜的『字面、場景』並作星曜之間的『互動聯結』：

天同：『資優兒童去旅行，有護士姐姐隨行照顧，老師說吃點心前要洗手。』

巨門：巨↓大嘴巴。門↓六門。『上法院，問鬼神吉凶。』

文昌：『文昌帝君學習讀書考試。一帆風順，或異路功名。』

文曲：『風流才子學習才藝考試。一帆風順，或異路功名。』

天魁：『通過考試，一路提拔，升為高官。而天鉞相當於官夫人。』

陀羅：『打陀螺，需要技巧，剛開始轉的很快很有力，轉來轉去，漸漸的沒力了，倒了。』

再依當事人提問的問題一一找出相關的答案。各位讀者在作練習時可以用自問自答的方法，再從『字面、場景』中找答案，就不會不知道要從那裡下手解盤了！

這個命格有什麼優點？（從命格的優點可以看出一個人在一生中能夠有所成就的機會有多大，在命盤的解析上這點相當的重要。）

因為是天同巨門雙主星，所以，先把天同的優點找出來，再把巨門的優點找出來，再互動聯結就可以獲得相當棒的答案。（提醒各位讀者：因為每顆星曜的優點都不會只有一個，在案例中作者只提出部份優點，其餘優點各位讀者可以自行練習。）

從場景來看，天同的優點是資優兒童，頭腦靈巧，學習能力強（還有其他優點請讀者自行練習）。

巨門的優點是專門，專業，追根究底，研究精神。所以，兩顆主星互動聯結形成的優點是學習能力強，能學有所長。（還有其他優點，如巨門的口才，天同的條理分明，互動聯結會形成很會說話的優點）。

再加上文昌及文曲都有很好的學習能力，再進一步互動聯結會把天同巨門的學習能力發揮的更加淋漓盡致。而且文曲會有才藝型的學習能力（A女士就擅長裁縫）。另外文昌文曲天魁又都跟考試功名有關，容易進入公家機構或者大企業。（提醒各位讀者：有文昌文曲不一定就是會讀書，能不能把書讀好跟個人的生活環境背景有關，但頭腦靈巧、學習能力不錯是一定的。）

以這樣的優點來看，如果當事人能好好發揮出來，不但有機會進入大企業或者公家機構，甚至還有機會獲得主管的賞識提拔晉升（因為天魁有一路提拔的特質），也會有學習專長的情況（因為巨門及文曲都屬於有專長才藝的星曜，而且陀羅也是具有技術的星曜，所以不是有專業的技術就是有才藝上的專長）。不過，能不能真的達到命格上的成就，還要看命格上的缺點有多大的殺傷力，也要同時考慮到當事人所處的環境條件，不能一概的認為命格有這樣的優點就一定會有不得了的成就，會有多大的成就還要看當事人在缺點上犯的毛病有多大，以及所處的生活背景給他多少的機會。

接著再看，命格上有什麼缺點？（命格上的缺點會傷害或者阻礙一個人的發展及成就）。同樣，我們從主星及副星的『字面、場景』看有什麼缺點會傷害或阻礙一個人的

成就。（只提出部份缺點，其他缺點各位讀者可以自行練習）

天同的缺點是不積極，少了企圖心（兒童）。

巨門的缺點是不開朗（暗門），說話太直接易得罪人（大嘴巴），經常會有是是非非的事，甚至會有官司。

從陀羅的場景來看，它的缺點是在原地打轉，拖拖拉拉（打陀羅轉啊轉）。

把三顆星曜的缺點互動聯結，在命格上就會形成行事不積極拖拖拉拉沒目標，為人少笑容說話有些白目的缺點。讓原本資優的兒童反成了亂說話不認真的壞小孩了。如果這個命格的缺點因為生活環境、生活背景的關係而發揮出來，那麼，前面的優點及成就就要大打折扣了！

在解析命盤時，如果能運用『字面、場景法』清清楚楚的將命格的優缺點詳細地分析給當事人了解，當事人就能立刻明白自己到目前為止成敗的原因，以及為什麼只能成就到目前的水平。

本案例中的A女士是市政府清潔隊的工作人員，雖然不是政府官員，但仍然是公職人員（文昌文曲利於科考的特質），也是透過體能測驗考進去的（文昌文曲天魁都適合考試甄選測驗等）。由於A女士的家庭背景對女眷教育的不重視（解盤技巧說明：父母宮的田宅宮化忌入A女士的命宮，造成家庭環境的壓力。這是另外的解盤技巧，以後有機會再介紹），讓她少了受教育的機會，但她本身自學裁縫，縫紉技巧相當不錯（有文昌文曲並不代表會讀書或者書讀的很高，還要考慮到當事人的現實狀況，只能說頭腦靈巧學習能力不錯）。因為家庭環境的因素，她在個人的特質上偏向沈默少言與人互動不熱絡（巨門暗的特質），壓抑的環境也讓她的個性偏向不積極，順受環境的安排（天同的負面特質）。A女士在負面的環境背景中形成了自己本身命格裡負面的特質，造成她在自己一生的成就中只成就了最低層的水平（公務人員中最低層的工作及職級），如果她能明白自己命格的優點並充分的發揮出來肯定會有不同的際遇及結果！

（解析技巧說明：像這樣，從一個人八字命格的優缺點及生活環境、生活背景去解析一個人在現實生活中的成敗，才能合乎生命的道理（即命理），算命也才有實質的意義。否則，為什麼相同時辰出生的人使用完全相同的命盤會有不同的命運？這種差異必然跟當事人處在不同的生活環境、生活背景有關。因為不同的環境因素會影響當事人對自身優缺點的發揮方式，不同的發揮方式自然會產生不同的特質以及不同的結果。）

這個命格還有什麼問題嗎？

回答這個問題，要從星曜的負面特質去思考。從天同的負面特質來看，最主要的是兒童的不積極，這點已經反應在她的工作成就上了。所以，再從巨門的『字面、場景』找答案。巨有大嘴巴說話太直或者口不擇言得罪人的情形，另外，場景中有法院官司，所以要小心犯官司。還有陀羅煞星也會有殺傷力，陀羅打轉一直轉一直轉會有受困於某種痛苦的情形，在裡面打轉出不來。

A女士除了早年受苦於家庭的不快樂，婚後也長期受苦於先生的語言折磨，偏偏她愛頂嘴，每次頂嘴就會受到更大的傷害，後來透過法律途逕才得以訴請離婚。

『字面、場景法』最神奇的是每顆星曜的『字面、場景』都很容易記住，也很容易在『字面、場景』中找到相對應的答案。更神奇的是當事人的生活情境幾乎會處於作者所設計的場景之中。

夫妻宮：（喜歡的對象的個性及風格、有無助力、影響、成就、互動、緣份）

主星太陰的場景：『海邊別墅，氣質美女的一天。』

從太陰的場景中，了解A女士喜歡氣質優雅的男士，悠閒的夫妻生活，有著神仙眷侶的夢想（這些都是太陰的生活場景）。可惜，A女士事與願違，她先生個性兩面人，在外面人前表現的體貼細心（太陰的特質），回家變成強烈的控制狂，經常有語言暴力，A女士及兒女經常生活在恐懼中。

（解析技巧說明：一般來講，當夫妻宮有太陰旺時，在婚姻上會有像太陰場景般的婚姻生活，但在本案例中涉及一個重要的解盤技巧：「自化忌」。A女士的夫妻宮宮干是乙干，乙干太陰化忌，稱為「自化忌」。自化忌的意思等於在太陰的場景中加入潛在的相反的不好的特質。所以，A女士的先生在人前的體貼細心，在家裡就變成粗暴不講理自以為是，原本太陰的悠閒變成緊張恐懼。所以，當一顆星自化忌時要把原本的場景中好的轉為壞的，壞的變本加厲。）

當夫妻宮被自化忌破壞之後，A女士配偶的助力、影響、成就、互動、緣份就偏向負面的結果。偏偏A女士命格上的特質偏向不積極，順受環境的安排（天同的負面特質），讓她在痛苦的婚姻中生活到五十八歲，最後在下定決心後才在警察的協助下順利離婚。A女士五十八歲那年是民國一百年，當年流年文昌化忌進入流年的夫妻宮丑宮，夫妻宮受到傷害，這時提出離婚成功的機會就相當大了，果然讓A女士順利離婚，當然，如果A女士沒有選擇離婚，她就會繼續受婚姻之苦。當運來時如果準備好了，採取行動自然很容易成功，如果什麼都不做，A女士肯定還要繼續受苦了，這就是掌握運勢創造命運的道理。

運用『字面、場景法』，有了太陰的場景，就很容易了解A女士對婚姻的期待。當太陰自化忌時也能從場景中了解原本的好婚姻會變成什麼樣的壞姻緣，解析命盤時就不會有偏差了。

財帛宮：（有沒有錢、錢那裡來那裡去、掌控錢財的能力、賺錢的能力）

財帛宮是空宮，要借對宮來看財運的特質。

（解析技巧說明：在排盤上有時會有宮內沒主星的情形，這種情形叫做空宮，在解盤時空宮的特質要借用對宮的主星來看，但宮位本身對人事物展現的力量卻是無力、無奈、無緣，所以，空宮的場景是『無力、無奈、無緣。』）

A女士的財宮是空宮，所以，基本上她對錢財的掌控會有無力及無奈感。對宮是太陽化忌天梁，太陽一化忌就破壞了太陽原本充滿幹勁的場景，賺錢的能力就變得比較差了，天梁的場景中有公教、老人，對錢財會採取比較穩定保守的方式理財。這種財運一般稱為賺固定財的命格，像薪水收入、儲蓄利息收入等比較穩定的理財方式。可惜，有化忌，加上本身是空宮無力，難以抵擋化忌對財務造成的殺傷力，所以，雖然理財方式求穩定保守，但終究難逃破財的命運。

總結來講，A女士財運不理想，雖然會存錢，但賺錢能力不算好，又有破財的情形，尤其化忌的是太陽，太陽是男人，所以場景中就出現了壞男人來破財，在她的一生中就要特別小心因為男人而破財了。

A女士一生辛苦工作，到了五十八歲好不容易存了一百多萬，最終卻為了跟先生離婚全給了對方，才得已脫離魔掌，到了最後還是一無所有。（真的應了男人來破財的命運）

疾厄宮：（體質、疾病、意外傷害）

破　軍：『大海邊的垃圾處理場、資源回收場，垃圾車進進出出。張飛在管理。』

地　劫：『劫匪因貪心、糊塗而帶來災難。』劫：劫走。

破軍化權讓破軍變得更有力，以健康來講，會讓場景中的張飛更有力，所以，以體質來看，屬於耐操型，但是地劫卻是劫走健康，兩顆星互動聯結的結果，雖然屬於耐操型但是操到後來還是把健康劫走了。

而且破軍場景中的張飛（個性粗心而魯莽）及地劫場景中的糊塗帶來災難，都明白顯示A女士長期忽略自己的健康。所以，最終還是會引發病痛。

從破軍場景中的大海，知道破軍屬水，所以引發的疾病有排泄系統、女性的子宮、以及心臟血管問題。

A女士切除了子宮，心臟也不好。

事業宮：（位階、行業別、做事風格能力、成就、特殊技能）

天　機：『孔明戴著眼鏡，坐在他發明的孔明車上，一面泡茶一面遊山玩水。』五

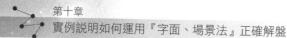

行屬木。字面：天機：心機、機智、機械。

從天機的『字面、場景』可以知道行業別的屬性有幕僚（孔明）、行政支援（孔明）、文書出版（五行屬木）、五術命理（心機）、旅遊（遊山玩水）、作家（五行屬木）、走來走去的工作（遊山玩水）、機械、跟車子相關的工作（孔明車）、有轉軸的設備（孔明車車子有轉軸轉動）、茶品飲料相關（泡茶）等等，這些工作的屬性都可以從『字面、場景』中推衍出來，非常方便又實用。

A女士的工作是清潔人員，工作性質是移動，走來走去的工作（遊山玩水）。另外可以做為她的事業的專長是縫紉，縫紉機相當於是有轉軸的設備（孔明車車子有轉軸轉動）（作者建議她退休後可以從事改衣服的個人工作室）。

通常在解析命盤時工作性質或者行業別都不會超出事業宮主星或者副星的『字面、場景』所含蓋的範圍，至於是那一種工作還要看當事人的教育水準，教育水準愈高愈專業的人所從事的工作層次會偏向較高的層次，不能一概而論，不過，通常在不知道當事人的教育水準時，應該儘量將『字面、場景』中所顯示的職業別及工作性質說明清楚，再依當事人的教育水準及專長鎖定特定的職業別或者工作性質。像A女士教育水準不高，要從事專業的幕僚工作不太可能，機械相關的工程也不可能，當一個專業作家更不可能，所以，只能說她的工作層次不高，會偏向比較勞力辛苦的工作。

至於工作的位階，天機不可能會是最高主管級，最多是支援性中階主管或者中高階幕僚（孔明），除非是機械相關的專業工作才有可能發展到最高主管（機械）。

做事風格及能力方面，屬於勤快、認真負責、任勞任怨型（孔明）。

會不會有比較大的成就？如果只是從事比較中低層次的工作就不會有什麼成就可言。但是，如果能發揮她在縫紉方面的專長會有比較大的成就（作者建議她退休後可以從事改衣服的個人工作室）。可惜天機本身比較沒有戰鬥力（孔明是出點子的人才不是作戰的勇士），沒有開創的格局，加上A女士本身命宮的格局比較不積極，所以要A女士辭去公職，創業去做縫紉的工作幾乎是不可能的。如果有相當的專業水準，天機有機會從事高階幕僚（孔明）或者專業的工程人員（機械），甚至是知名作家（五行屬木）。

只要掌握了天機的『字面、場景』就可以從『字面、場景』中清楚的掌握在工作方面的屬性、位階及做事的風格、能力表現等等，可以解析的相當週延有深度。

田宅宮：（不動產、家境、財庫）

七　殺：『戰爭，死傷慘重，斷垣殘壁。』

有沒有不動產？如何得到？七殺的場景是戰爭，戰爭的概念是攻城掠地，所以會有不動產，但會很辛苦（像作戰一樣的辛苦）。A女士買一間公寓，房貸由她自己以及兩位女兒共同負擔，確實是很辛苦。

住什麼地區？七殺的場景中有戰場，是郊區大草原大空地，在都市裡則是大賣場、大廣場。A女士的公寓在偏郊區的地方，附近有大公園，相當符合戰場所代表的概念。

守得住嗎？當然可以守得住，只要努力守住家園不放棄就沒問題（戰爭不棄守陣地的概念）。

如果從財庫來看，會有財庫嗎？從七殺戰爭的場景來看，戰爭一定要花大錢，所以，財庫不厚也容易破守不住。A女士僅有的一百多萬元存款在她五十八歲時為了跟先生離婚全給了對方，最後，還是應了財庫守不住的命運，財庫空空如也。

家裡狀況如何？看七殺的場景戰爭，不難了解A女士在家裡的狀況，先生的暴力、恐嚇，她承受的驚嚇，像極了在戰場一樣。另外還有一顆寡宿星，是一顆孤單星，可以看出A女士在家裡的孤單無助。

前面的解析，只是掌握了『七殺是戰爭』的概念，就能這麼靈活的運用，把實際的狀況解析的活靈活現！

福德宮：（享受、嗜好、精神狀態、精神生活、對其他宮位潛在的影響）

太陽化忌：『太陽自轉，不斷燃燒自己提供能源給萬物。』

天　梁：『梁山好漢去上課，老師認真講課，好漢們做自己的事，還蹺課到老廟玩。』

擎　羊：『流氓械鬥，非死即傷，送醫或者送官法辦。』

太陽一化忌所有原本好的特質全部轉為壞的，原本壞的則變本加厲。

從場景中可以輕易的看到壞男人、灰暗、犧牲到底，A女士容易遇到不好的男人（太陽代表男人），會因為壞男人而無法享受，甚至吃盡苦頭。失去光輝的太陽在精神上代表灰暗，精神生活灰暗不快樂，要承受不小的精神壓力，通俗來講，A女士是比較沒有福報的人。

天梁與太陽化忌形成雙星化忌，因為受到太陽化忌的引動就要把天梁的壞特質跟太陽化忌互動聯結。天梁的場景中很容易看到『好漢們做自己的事』裡面提到的壞特質有欺壓、暴力等，跟太陽化忌的壞男人互動聯結，A女士就會受到壞男人的暴力欺壓，也因為這樣讓她的精神受到極大的壓力，生活一片灰暗。

更有意思的是天梁還有蹺課的場景，蹺課的意思是跑路、逃跑、離家出走等。剛好，A女士在離婚前曾經離家出走，也因為採取這麼直接的方式才讓她能順利離婚，不知道這是作者在設計天梁的場景時的巧合？還是冥冥中命運已經有了安排。

擎羊的場景中有刀械、傷害、住院及官司，跟太陽化忌天梁互動聯結，A女士經常受到先生的語言暴力拿刀恐嚇，雖然沒有動刀但已經夠讓A女士驚嚇了。還好，最終A女士鼓足了勇氣透過法律途徑（官司）結束了她三十多年驚悚的婚姻生活。

在解析命盤時，只要有『字面、場景』及星曜之間的『互動聯結』的概念，就可以很輕易的將滿盤星曜解析的清清楚楚，這也是本書最主要的特點，也是作者設計『字面、場景學習法』的獨門秘法！

實例命盤二：B女士

命宮：（個性、特質、命格好壞、對其他宮位的潛在影響）

貪狼：『拉斯維加斯的夜生活。酒店前面有噴泉，棕櫚樹。賭客求偏財，警察在維護治安。』

這個命格有什麼優點？

從字面貪來看，優點是企圖心強、不認輸、鎖定目標勇往直前。從場景中知道有能力在複雜多變得環境中生存、容易有成就、多才多藝、交際應酬的能力強。這種能力容易讓當事人在事業上有所成就，而往往心有多大成就就會有多高，這是貪狼在成就上很不一樣的地方，B女士就曾經是三家公司的女老闆，可惜後來還是倒了，後面再說明原委。

作者設計的場景最棒的一點是當事人在一生的生活中會經常處在場景的情景之中。

天機 文昌 紅鸞 恩光 天傷 大耗 一四 辛巳【僕役】76-85	紫微 地空 火星 八座 天福 白虎 ○三 壬午【遷移】66-75	左輔 右弼 天鉞 陀羅 封誥 天使 寡宿 ×三 癸未【疾厄】56-65	破軍 祿存 鈴星 天馬 三台 天壽 陰煞 天哭 二二 甲申【財帛】46-55
七殺 地劫 天虛 天姚 一四 庚辰【事業】86-95	實例命盤二 B女士 陽女 庚戌年【民國59年】 月 二日 時		文曲 擎羊 天貴 ×二 乙酉【子女】36-45
太陽祿 天梁 咸池 ○五 己卯【田宅】			廉貞 天府 天才 解神 華蓋 ○身 丙戌【夫妻】26-35
武曲權 天相 龍池 天廚 天月 官符 ○五 戊寅【福德】	天同忌 巨門 天魁 破碎 ×六 己丑【父母】	貪狼 鳳閣 蜚廉 喪門 天刑 ○六 戊子【命宮】06-15	太陰科 天喜 台輔 天官 天巫 天空 劫殺 孤辰 ○五 丁亥【兄弟】16-25

B女士在事業大敗之後就曾經在酒店上過班（拉斯維加斯就有很多賭場酒店）。

這個命格有什麼缺點？會有什麼問題？

從字面貪慾來看，當事人會因為貪利而不擇手段、唯利是圖、自私自利、現實無情無義、個性太好強、翻臉不認人、以自我為中心、甚至傷人利己。

從場景來看，會過度重視物慾的享受，甚至會有不良嗜好，生活習性也不好（拉斯維加斯就有很多不好的玩樂場景）。貪狼容易因為過度貪慾而失敗，容易因為貪利而得罪人，也容易因為貪利把事業過度擴大而失敗，會受人利誘、瞞騙而失敗，會因為過度自信而失敗。B女士的三家公司就是因為上面的原因才會在六個月內全倒了，還吃了官司（福德宮有官符，命中就帶官司）。

B女士在嗜好及物慾上特別喜歡喝酒，而且是千杯不醉，連她公司的業務人員都不敢跟她拚酒。她也很擅於交際應酬，重視自己的打扮，總能吸引異性的目光，喜歡唱歌。不過，她不會賭，這點認識她的人都不相信。要提醒各位讀者，雖然當事人的生活情境會落在場景中，但不是每一樣都要完全具備，只是脫離不了場景的範圍，像B女士就不賭。

貪狼的特質經常會讓當事人大起大落（大起是因為有企圖心又敢做敢當敢衝，大落是因為過度貪心，物極必反），大起可能會成為老闆、高階主管，大落可能會一敗塗地一事無成，甚至只是平凡的家庭主婦。B女士在事業大敗之後就回到家中當個平凡的家庭主婦，不過，會心有不甘。

兄弟宮：（互動、緣份、影響、助力）

太陰旺化科：『海邊別墅，氣質美女的一天。』

從太陰的場景中可以看出來太陰屬性溫和重情安定持家，不是勢利的星曜，所以在互動上較溫和，不會是衝突型，也不會是熱絡型。太陰的場景中有打理家務的情境，所以會彼此照顧安家。加上化科，把文昌的氣質及力量加進去，兄弟的能力不錯，有足夠的能力幫助，相當的有緣。

B女士在經營企業時就是跟她弟弟一直合作經營。出事後，大哥還出錢幫她還部份的債務。所以，太陰旺化科代表兄弟情緣不錯，互動也不錯，相當有緣，也有助力，化科也指兄弟容易有成就，大哥還是一位醫生。

姐妹宮：（借用父母宮。互動、緣份、影響、助力）

天同化忌：『資優兒童去旅行，有護士姐姐隨行照顧，老師說吃點心前要洗手。』

巨　門：巨↓大嘴巴。門↓六門。『上法院，問鬼神吉凶。』

天　魁：『通過考試，一路提拔，升為高官。而天鉞相當於官夫人。』

從天同的場景中加入化忌，把天同的優點全破壞了，變成非常不積極不負責惹是非的壞小孩。巨門的缺點惹是非惹官司，也會因為天同化忌的引動變得很明顯，以天同化忌巨門的雙星的互動聯結，就變成惹是非犯官司了。在這種情況下天魁正面的力量就沒了，甚至會幫倒忙。

所以，以姐妹宮的天同化忌巨門的結構來論，B女士的姐姐會是個惹是非犯官司的麻煩。各位讀者要能習慣像這樣的命理解析方式，先解釋宮位的吉凶優劣，再了解實際的狀況，再提醒應該注意的地方。以本例來論，就要提醒B女士注意她姐姐負責經營的那家企業的營運狀況，可惜B女士找作者時已經是出狀況了，真的太可惜了！

B女士的三家企業其中一家就是她姐姐在負責經營，因為沒有控制成本支出的概念，虧損連連，也造成後來問題發生時有如雪上加霜，一發不可收拾，終至倒閉。

夫妻宮：（喜歡的對象的個性及風格、有無助力、影響、成就、互動、緣份）

廉　貞：『警察追捕壞人，最後用電擊槍逮捕入獄。』

天　府：『王爺府蓋在山坡地上，舉辦化粧舞會，政商名流駕著牛車來參加。』

有潛在的婚姻危機，宮干丙使得廉貞自化忌，廉貞的場景是『警察跟壞人』，一旦化忌當然就是壞人了，所以，會有遇人不淑的情形。

廉貞有自化忌的情形，當然對象就不會是好人，所以在感情婚姻上，B女士會遇到脾氣不好的對象，婚前婚後會不一樣，而化忌當然會有婚姻危機。不過，還有一顆天府星，天府的場景是『王爺政商名流』，所以，B女士還有機會遇到一位不錯的對象，可以提供她不錯的物質生活條件，這個對象在緣份上就比較好了。不過，天府是王爺的位階，一旦這個對象有成就，就會有部份大男人傾向。各位讀者一定要記得要先就星曜作出詳細的解析，再跟實際狀況對照，找出可以建議的地方。

B女士在二十多歲時迷迷糊糊結過一次婚，後來離婚了。之後認識一位從事建築的男士，這位男士後來晉升到公司工程單位的主管（天府的位階之一），收入相當不錯（天府的經濟條件），確實提供相當好的物質生活條件，可惜，因為先生太愛B女士，加上B女士又長的不錯，除了優渥的生活條件之外，嚴格控制她的生活空間，不讓她出去工作也不提供機車以上的交通工具，只有一部自行車。在B女士的案例中，只要B女士能安於現狀，她應該能安安穩穩的過一生了。

子女宮：（互動、緣份、影響、生育機能）

空　宮：『無力、無奈、無緣。』

擎　羊：『流氓械鬥，非死即傷，送醫或者送官法辦。』

從上面的場景中可以看出B女士與子女的緣份相當淡，甚至可以說是無緣。B女士只有一個女兒，離婚後跟前夫住，很少見面。跟現任先生則沒有生育。

財帛宮：（有沒有錢、錢那裡來那裡去、掌控錢財的能力、賺錢的能力）

破　軍：『大海邊的垃圾處理場、資源回收場，垃圾車進進出出。張飛在管理。』

字面破：在那裡就破那裡。

破軍＋鈴星：格局：虐。為財所苦。

祿存＋天馬：格局：祿馬交馳，愈跑愈忙愈有錢。

這個宮位有『為財所苦』及『愈跑愈忙愈有錢』一凶一吉兩種格局，在解析命盤時就要很清楚的分開解釋。要先從場景中先找出優缺點，再分別跟凶格局及吉格局互動聯結。破軍從場景的張飛來看，優點是賺錢很有衝勁很有突破力，以場景垃圾處理場資源回收來看，有從混亂中失敗中賺錢的情形。從缺點來看，張飛的缺點是粗心大意，行事只憑一股衝勁沒計劃，最終會變成像垃圾場一樣一場混亂。將優點跟吉格局互動聯結，愈衝就愈賺錢，可以從別人的失敗混亂中賺錢。不過，如果不妥善理財或者小心賺錢，最終會破財（破軍的字面意義）、負債、為財所苦。

B女士熟悉銀行放款作業，所以選擇為缺錢的人辦理貸款起家（利用別人失敗混亂的時機賺錢，破軍垃圾處理、資源回收的概念，不是一定要從事垃圾及回收才算，以企業來看，合併、重建也算），這家公司讓她賺很多錢。後來，因為投資錯誤導致失敗，最終破產、負債。

在場景中成敗早已經暗示的很明顯，可惜，B女士找作者時一切都來不及了。

僕役宮：（交友情況是多交型還是少交型、對待的方式、部屬的能力、彼此的影響及助力）

天　機：『孔明戴著眼鏡，坐在他發明的孔明車上，一面泡茶一面遊山玩水。』字面機，有心機，機智。

文　昌：『文昌帝君學習讀書考試。一帆風順。一路不順。或異路功名。』

大　耗：破財。

這個宮位還有一個潛在的危機，宮干辛使得文昌自化忌，因為是僕役宮所以會有小人背叛，或者有合約問題，甚至會有官司。

天機的場景是『孔明』，如果以部屬來看，孔明很有能力，所以知道部屬相當優秀，機動性強（遊山玩水），有相當不錯的助力（孔明是劉備的軍師）。但是天機的缺點是心機，當遇到壞星引動時部屬就可能會動了壞心機了。

這個宮位原本看起來很好，但是卻潛藏著一個很大的危機，就是文昌自化忌。文昌有合作合約僱傭關係的意思，一旦化忌，就破壞了這樣的關係，就會有被背叛的機會了。將天機有心機的缺點跟文昌自化忌背叛的缺點互動聯結，會形成被部屬動了壞心眼私心背叛的情況。還有大耗是破財的意思，再加以互動聯結，就更明顯要小心部屬私心使得B女士大破財了。各位讀者如果養成像這樣一步一步分析場景的習慣，在實際論命解盤時就會相當準確了。

當然，如果B女士沒有開公司，同樣的也要提醒她小心朋友詐騙她從事一些風險高的投資或者理財。最輕的一種就是朋友騙她跟她借錢不還，從此不相往來。

B女士當時除了公司本身經營問題之外，另外，公司的財務長私心要B女士投資一家公司三千萬，後來該公司宣佈經營不善破產倒閉，事後追查才知道原來錢是被財務長侵吞了，是一個詐騙的局，而且詐騙的對象還不只B女士一家公司，總金額聽說高達十多億。

事業宮：（位階、行業別、做事風格能力、成就、特殊技能）

七　殺：『戰爭。死傷慘重。斷垣殘壁。』

地　劫：『劫匪因貪心、糊塗而帶來災難。』

從七殺的場景『戰爭』來看，在商場是從事業務性質的工作，競爭性強（戰爭勝負的概念），壓力大（戰爭非勝不可的概念）。要成功就要從場景來看如何才能成功，戰爭要成功一定要有謀略，要有武器，勇往直前，一旦攻上目標就要固守陣地，不能放鬆。

以B女士貪狼的企圖心要做到勇往直前這點並不難，而且她熟悉銀行的放款作業以及在銀行的人脈相當好，所以，也具備相當好的「武器」，但是以貪狼的貪慾要固守陣地就不容易了，

一旦隨隨便便就往其他地方去攻城掠地就很容易失敗了，偏偏B女士就是這樣做了。不要忘了，七殺的場景裡還有『死傷慘重，斷垣殘壁』的結果。所以，七殺在任何宮位都要小心這個結果。

如果以B女士的行事風格來看，七殺的風格必然很強悍（戰爭怎麼會不強悍呢？），貪狼的能力加上七殺的強悍已經讓B女士立於不敗之地了，只要不過度貪心小心謹慎，必然會有不錯的成就。

另外，地劫的破壞力相當強，從場景來看，破壞力來自『貪心、糊塗』，將這點破壞力跟七殺的強悍互動聯結，會讓七殺的強悍變為匹夫之勇，少了戰爭需要的謀略，這就容易導致失敗了。

前面這些解析完全是依七殺的場景推衍出來的，少了這樣的推衍，就很難解釋B女士的情況了。B女士後來對公司經營的風險控管過於輕忽而導致失敗真是太可惜了。

田宅宮：（不動產、家境、財庫）

太陽化祿：『太陽自轉，不斷燃燒自己提供能源給萬物。』

天　梁：『梁山好漢去上課，老師認真講課，好漢們做自己的事，還蹺課到老廟玩。』

宮干已使得對宮文曲化忌，形成「射出忌反沖」的凶象，是「先成後敗先有後失」的凶象。

太陽在卯宮是旺星，加上化祿更不得了，財庫豐厚，有不少不動產。

在家境來論，太陽的場景裡有『燃燒自己提供能源給萬物』的情形，所以會照顧家人。

天梁的場裡有『老人』，在不動產房子的概念上比較保守，顧家，守家。

把兩顆星曜的優點互動聯結，不難明白會有不動產，也很會照顧家人。但可惜的是，這麼好的宮位卻隱藏著射出忌反沖的凶象，先成後敗先有後失。

B女士有錢時擁有三間房子，五塊地，可惜後來都被銀行拍賣了。

紫微 七殺 陀羅 天馬 天巫 天廚 天刑 ○六 乙巳【子女】	祿存 文曲 ×二 丙午【夫妻】	擎羊 三台 八座 天壽 華蓋 ×二 丁未【兄弟】	文昌 紅鸞 台輔 天空 劫殺 孤辰 ×五 戊申【命宮】05-14
天機科 天梁 寡宿 封誥 解神 ○六 甲辰【財帛】85-94	實例命盤三　C小姐	陰女 丁未年【民國56年】 月二十日　時	廉貞 破軍 天鉞 地空 喪門 天姚 ×五 己酉【父母】15-24
天相 鳳閣 天才 蜚廉 天傷 白虎 一四 癸卯【疾厄】75-84			陰煞 ×四 庚戌【福德】25-34
太陽 巨門忌 右弼 天喜 恩光 天官 天月 ○四 壬寅【遷移】65-74	武曲 貪狼 地劫 天使 破碎 天虛 ○三 癸丑【僕役】55-64	天同權 太陰祿 左輔 鈴星 天貴 大耗 咸池 ○身 壬子【事業】45-54	天府 天魁 火星 龍池 天福 天哭 官符 一四 辛亥【田宅】35-44

再提醒各位讀者，每顆星曜都要先從場景中分別解析出優缺點，再做互動聯結。也要注意每個場景除了含蓋每顆星曜的優缺點之外，還含蓋了勝敗的因果、一生可能達到的成就的高低，掌握了星曜的場景也等於掌握了成敗的秘訣。

實例命盤三：C小姐

命宮：（個性、特質、命格好壞、對其他宮位的潛在影響）

宮位是空宮，場景是『無力、無奈、無緣』。要借對宮來看她的個性表現。

太陽：『太陽自轉，不斷燃燒自己提供能源給萬物。』

巨門：巨↓大嘴巴。門↓六門。『上法院，問鬼神吉凶。』

文昌：『文昌帝君學習讀書考試。一帆風順。或異路功名。』

一步一步來解析：

空宮表示C小姐在她的生命中一定會有什麼事情讓她感到無力、無奈、無緣，這點等一下在解析其他宮位時就可以知道了。

（解析技巧說明：所謂的借對宮，並不是把對宮的星拿到本宮來看，而是把對宮主星原有的力量、特質引過來用，所以，對宮是旺星的話，引過來的力量當然是旺的，是弱星引過來的力量當然是弱的。）

本例中對宮太陽在寅宮是旺星，力量相當不錯。巨門原本是暗星，化忌後會更暗，跟太陽明亮的特質完全相反，但太陽在這裡是旺星。如果將兩顆星曜互動聯結，太陽的光亮可以將巨門化忌過度的陰暗照的比較明亮些，換句話說，巨門化忌的負面特質雖然還是存在，但沒有原本化忌的那麼嚴重。例如，巨門化忌的毒舌就沒那麼刻意的傷害人了，但直言敢言的特質不會受到影響，巨門原有的優點也都還隱隱約約存在著，不會因為化忌而完全不存在了。

（解析技巧說明：因為是代表人的宮位，所以在太陽旺及巨門化忌一吉一凶一熱一冷的特質表現上，就會因當事人的選擇而偏向某一種特質，而不會兩種情況交互出現。C小姐就選擇做一個熱情直言敢言的人，而不是毒舌的人。）

所以，在兩顆星曜互動聯結後，可以了解到C小姐的個性比較有男人的氣勢（太陽旺的特質），熱情熱心，喜歡助人，喜歡交朋友，會照顧家人，說話較直接，也很敢說話（巨門的特質），很願意為別人打抱不平。如果再跟文昌互動聯結，C小姐在個人的特質上又多了聰明、學習能力強、注重自己的氣質打扮。

各位讀者一定要有互動聯結的概念，在本例中才不會將巨門化忌只以凶星來看。如果巨門化忌只是以凶星來看，跟C小姐的實際情況就相差很大了。

太陽巨門化忌如果要以凶象來看就要等太陽轉為化忌時，這時變成雙化忌，凶象就會非常明顯，所有吉象也全部沒了。還好C小姐要走到太陽化忌要等到85歲以後，所以太陽巨門化忌不會轉為凶象。

兄弟宮：（互動、緣份、影響、助力）

空　宮：『無力、無奈、無緣』。

擎　羊：『流氓械鬥，非死即傷，送醫或者送官法辦。』

（解析技巧說明：空宮有時候不能借對宮來用，不是所有空宮都要借對宮來看：由於兄弟也有自己的命盤及命格，所以，在代表『人』的宮位為空宮時不適合借對宮來論，應該僅僅就宮內有的副星來論。）

兄弟宮空宮，明顯C小姐對兄弟的問題會感到很無奈，有什麼事情的話也只能好好照顧了（太陽犧牲自己的特質）。

從擎羊的場景來看，衝突性很強，如果不是C小姐有太陽的特質，恐怕會經常有衝突。C小姐的弟弟脾氣很硬很衝（擎羊的特質），年紀不小了，但還是會跟人起衝突，甚至出手打架，也曾經因此受傷（都是擎羊的特質），休養了兩個月。至於弟弟是不是對C小姐來講就沒有助力了呢？其實是有助力的，為什麼呢？因為有沒有助力要看兄弟具備什麼樣的能力，只要是有能力就一定會有助力，不要忘記煞星也有正面的力量（擎羊正面的力量是有擔當、不怕困難）。以C小姐的弟弟來看，只要是C小姐在生活上跟別人起衝突時，她弟弟就會出面幫她擺平。

不過，就空宮與擎羊互動聯結來看，C小姐很難去管她弟弟，兩人的互動也比較屬於講義氣型的，不是溫和體貼型的，不過，因為兩個人都有某些能力，所以都能彼此互相幫助。

夫妻宮：（喜歡的對象的個性及風格，有無助力、影響、成就、互動、緣份）

空　宮：『無力、無奈、無緣』。

祿　存：福祿壽三仙。『努力打拚，三仙保佑。不努力打拚，則一無所有，發亦不久。』

文　曲：『風流才子學習才藝考試。一帆風順。或異路功名。』

空宮的無力感會讓人無法如願，總是事與願違。在選擇對象時遇不到自己喜歡的類型，結婚後的生活總是讓自己失望，只能無奈的接受。

跟對象的互動上總是感到不順心不貼心。所以，空宮也很容易遇人不淑，甚至離婚，最基本的情形是婚姻生活不快樂。

以祿存及文曲的特質來看，C小姐喜歡的類型是個性保守，努力工作，有錢，有才能的人。C小姐年輕時曾經結過一次婚姻，對方個性很強脾氣很不好，婚後C小姐很後悔，兩年後離婚了。現在的先生是經人介紹的，個性保守，很平凡的人，是一位鐘錶師父，很守工作本份，努力工作，沒聽過他抱怨工作上的問題，家裡也有不少房地產，條件算是符合C小姐的喜好類型。只可惜，先生不是屬於才子型的人，婚後仍然有很多觀念上的差異，不過，C小姐也只能這樣接受了。

財帛宮：（有沒有錢、錢那裡來那裡去、掌控錢財的能力、賺錢的能力）

天　機：『孔明戴著眼鏡，坐在他發明的孔明車上，一面泡茶一面遊山玩水。』字面機，有心機，機智。

天　梁：『梁山好漢去上課，老師認真講課，好漢們做自己的事，還蹺課到老廟玩。』

以理財來看，天機的『字面、場景』顯示理財能力上會比較靈巧，天梁則是比較穩重（老人），兩者互動聯結，讓C小姐在理財上會比較穩重又靈巧。也由於天機善於分析判斷，天梁穩重，所以，在理財上無利可圖風險高的事她就不會做。加上天機還化科更顯得出這種穩紮穩打精打細算的理財風格。

雖然理財上有前面的特質，那到底C小姐會不會賺錢呢？

（解盤技巧說明：在財運上會不會有錢會不會賺錢不能只看財帛宮，要全盤來看，找出最吉旺的宮位來看，吉旺的宮位必然有吉旺的星曜結構，這些吉旺的星曜特質就能指出可以賺錢的行業別或者工作性質。）

先找出吉旺的宮位來：財帛宮天機化科天梁屬吉的結構，事業宮天同化權太陰化祿形成『水澄桂萼』吉格，再加上化權化科太吉了，還有田宅宮天府天魁，天府本身就是不動產跟財物，在田宅宮剛好適得其位，屬又吉又旺的宮位。將這三個宮位主星的『字面、場景』中代表的行業別及工作性質全部列出來看，再配合當事人實際的知識水準、能力、技能技術，就能很實際的鎖定可以從事的行業是什麼。

簡單說明這三個宮位主星的工作性質（更詳細的內容各位讀者可以回到場景裡去看），天機是幕僚、機械工程、旅遊、作家、設計人員等等。天梁是老師、五術、慈善事業、宗教等。太陰是女人相關的行業、文教、藝術、休閒、西餐、清潔等。天同是行政人員、老師、醫生等，而且天同有化權可以創業，但格局不能太大，只能當個小老闆（天同是兒童所以不能當大老闆）。天府是不動產、銀樓、銀行等。

再考慮C小姐只讀到專科也沒有什麼特別的技術技能，所以前面很多工作她就不可能會去做了。C小姐在夜市有兩個攤位賣女性的飾品（符合太陰的工作性質）自己當個小老闆（符合天同化權的性質），請了兩位員工，她每天晚上營業時間結束後就負責去收帳，每個月收入都可以淨賺數十萬元。後來又去投資法拍屋（符合天府的特質），每次都能賺進數十萬至數百萬元。

像這樣，能掌握全面的場景就能掌握解析命盤的重點，不會腦袋一片混亂抓不到重點，甚至只能用猜的。只要能透過場景掌握住各種可能的工作、行業，再配合當事人的能力水準就很容易掌握到重點了。

僕役宮：（交友情況是多交型還是少交型、對待的方式、部屬的能力、彼此的影響及助力）

武　曲：『關公手持關刀一個人衝入敵營，殺殺殺！』武職，武財神。

貪　狼：『拉斯維加斯的夜生活。酒店前面有噴泉，棕櫚樹。賭客求偏財，警察在維護治安。』

地　劫：『劫匪因貪心、糊塗而帶來災難。』

破　碎：破財星。

天　虛：小人星。指虛偽不實。偽君子真小人。一切不正的人事物。

星曜愈多的宮位愈要有耐心一個星曜一個星曜來解析，再彼此作互動聯結，自然可以解析的很有條理也會很準確。

因為C小姐的部屬人數太少，沒有解析的意義，所以，將重點放在她交友的情形。

武曲的場景中有『關公、一個人衝入敵營、殺殺殺』，關公講義氣，一個人衝入敵營代表不怕生，什麼人都可以交往，殺殺殺代表很干脆，把這些意義綜合起來解析，C小姐勇於結交朋友，對朋友講氣，對待朋友很干脆不會小氣，只要能力夠都會出手相助，加上她本身有太陽熱心助人的特質，所以，對待朋友可以說是有情有義。

貪狼的場景是『拉斯維加斯』，是相當活躍交際性很強的星曜，場景裡什麼人都有，再跟武曲互動聯結，C小姐不但喜歡交朋友對朋友更是有情有義，交友的類型也比較複雜。

另外還有地劫煞星，朋友中會有帶來麻煩的人。破碎會有朋友來破財，借錢不還等情形。天虛有虛偽的小人，不正的朋友。C小姐交友廣闊什麼層次的人都有，有民代、警察、老闆、家庭主婦、甚至腦袋不清楚怪怪的人也有，太多了。當然難免會有不好的人，也有借錢不還的人，也有接受幫忙不知道要謝謝她的人。

紫微 七殺 地劫 地空 陀羅 天廚 破碎 白虎 乙巳【遷移】64-73 ○六	祿存 紅鸞 天傷 咸池 丙午【疾厄】74-83 ×二	左輔 右弼 擎羊 寡宿 丁未【財帛】84-93 ×二	封誥 恩光 天才 天壽 陰煞 戊申【子女】 ×五
天機科 天梁 文昌 鈴星 天使 天姚 甲辰【僕役】54-63 ○六	實例命盤四 D女士 陰女 丁酉年【民國46年】 月 日 時		廉貞 破軍 天鉞 火星 天哭 己酉【夫妻】 ×五
天相 天虛 癸卯【事業】44-53 一四			文曲 解神 天空 庚戌【兄弟】 ×四
太陽 巨門忌 八座 天貴 天官 天月 劫殺 大耗 壬寅【田宅】34-43 ○四	武曲 貪狼 龍池 鳳閣 官符 華蓋 癸丑【福德】24-33 ○三	天同權 太陰祿 天喜 天輔 三台 天刑 壬子【父母】14-23 ○三	天府 天魁 天馬 天福 天巫 蜚廉 喪門 孤辰 辛亥【命宮】04-13 一身

實例命盤四：D女士

命宮：（個性、特質、命格好壞、對其他宮位的潛在影響）

天府：『王爺府蓋在山坡地上，舉辦化粧舞會，政商名流駕著馬車來參加。』

天魁：『通過考試，一路提拔，升為高官。而天鉞相當於官夫人。』天：高高在上的人。

從場景來看，有王爺、政商名流，高高在上的人。所以

D女士有在上位的命格，可能是主管、老闆、領頭的人、老闆娘等，或者有身分地位的人。

個性上比較大方、善於交際，為人比較實際、重利（場景中盡是享樂財貨，少了精神性生活）。場景裡有財、有房產。天魁的場景中有能力、提拔。D女士能力不錯，能受到賞識，也能幫助別人成就。

D女士跟先生開一家不動產開發公司，她負責財務及業務開發（D女士的遷移宮有七殺，場景是戰爭，有戰鬥力，很適合業務開發）。前面場景中提到的財貨、房產、地位、交際、能力、助人（幫助先生）等命格特徵D女士都有。

從場景中可以看到命格位階的高低、命格擁有什麼、命格有什麼特徵都相當容易從場景中看出來。

夫妻宮：（喜歡的對象的個性及風格、有無助力、影響、成就、互動、緣份）

廉　貞：『警察追捕壞人，最後用電擊槍逮捕入獄。』

破　軍：『大海邊的垃圾場、資源回收場，垃圾車進進出出。張飛在管理。』破：破敗。破壞。突破。

天鉞：『通過考試，一路提拔，升為高官。而天鉞相當於官夫人。』天：高高在上的人。

火星：『火爆浪子飈車，撞到廟，起火受傷。』

天哭：哭喪星，悲觀，令人難過的事（在那裡哭那裡），是非官非（同巨門），喪亡有關的人事物。

從場景來看，有警察、壞人、張飛、火爆浪子，明顯先生的個性很強。天鉞是貴人，婚姻裡多了一個人，通常以第三者來看。

從場景來看婚姻好壞，場景中幾乎都看到不利婚姻的場景，有壞人、破軍的破敗、天鉞的第三者、火星的受傷、天哭的悲觀難過、還有破軍的大海邊屬水加上火星屬火會形成『水火剋』的凶象，這些都對婚姻極為不利。在論命時就要像這樣一步一步慢慢的互動聯結，將情況實實在在的告訴當事人。

以廉貞破軍的強硬，與火星的急燥互動聯結，說不定還會有家暴的情形，不過，這點並沒有進一步去確認。各位讀者在實際論命時還是要善意的去提醒當事人。

D女士的先生後來真的因為有第三者跟她離婚。

子女宮：（互動、緣份、影響、生育機能）

空　宮：『無力、無奈、無緣』。

因為子女有自己的命格，所以不能借對宮來看子女的個性。只能就空的『無力、無奈、無緣』來論跟子女的緣份。所以，在實際論命時，就要跟當事人說明：空宮原本就已經緣份淡了，加上對宮還有化忌正沖，緣份被破壞了，所以跟子女無緣，不是沒有子女就是不住在一起，子女無法盡孝。

D女士在離婚後因為前夫不讓子女跟她來往，幾乎沒有再互動了。

財帛宮：（有沒有錢、錢那裡來那裡去、掌控錢財的能力、賺錢的能力）

空　宮：『無力、無奈、無緣』。

右弼。左輔。

擎　羊：『流氓械鬥，非死即傷，送醫或者送官法辦。』

寡　宿：孤單星。

雖然D女士本身天府有財格會賺錢，但財宮顯示的財運卻是：空宮的『無力、無奈、無緣』，擎羊的非死即傷（非死即傷不一定是指身體，在那個宮位就傷那裡），寡宿是為了錢孤軍奮鬥。雖然有左輔右弼，但是因為是空宮，吉星無力，煞星為大，所以不看右弼左輔只看擎羊跟寡宿。

在實際論命時，要提醒當事人，雖然命格天府有財，但財帛宮不佳，在對財的處理上恐怕不守財，最後會為了錢孤軍奮鬥。

D女士離婚後，前夫沒給她任何錢。D女士來找作者算命時是在一家汽車旅館當會計，自己買屋一個人住。

事業宮：（位階、行業別、做事風格能力、成就、特殊技能）

天　相：『商鞅變法，在瀑布旁制訂治國良方。』

場景有宰相位階、有能力、行事有魄力、規規矩矩、有證照、資格證書、專長、制訂規則、龜毛、要求太嚴格、容易得罪人。

在實際算命時，要提醒當事人去考證照或者資格證書等等。告訴當事人有主管格、能力佳、做事有魄力、規規矩矩、做人行事要有彈性否則容易犯小人。在行業別上可以作買賣，食衣住行都可以，因為為人正直所以很適合財務會計，因為有制訂規則的特質所以也適合從政或民意代表，為國家人民做事服務。

D女士雖然沒有從政也沒有證照，不過，從事的卻是財會及業務工作，仍然在場景的範圍內。

同時也要提醒當事人可能的問題點在那裡。因為D女士的夫妻宮不佳，夫妻宮又在事業宮的對宮，所以，當夫妻宮的凶象發揮時，當然會正面沖擊事業宮，事業可能就會出問題了。D女士的情形剛好是這種情形，所以，離婚後工作也沒了。

（解析技巧說明：要注意來自對宮的沖擊。雖然本宮宮位不錯，但是對宮不吉時，要提醒當事人，如果對宮凶象發生時就會沖擊到本宮了，破壞本宮原有的吉象。）

田宅宮：（不動產、家境、財庫）

太　陽：『太陽自轉，不斷燃燒自己提供能源給萬物。』

巨　門：『上法院，問鬼神吉凶。』

劫殺。大耗：破財星。

太陽在這裡是旺的，所以，場景中可以看到一切光明正大。在實際論命時，不動產運，家運，財庫都不錯。

巨門有化忌，場景中有法院就有是非官非，一化忌就破壞了田宅宮的運勢。這種凶象跟劫殺、大耗互動聯結對田宅宮的運勢就更傷了。

在實際論命時，除了吉象之外就要再提醒當事人可能會有的凶象，這些凶象會造成財庫破了、家運破了、不動產失去了，在現實生活中就容易形成人離財散的情況。

當一個宮位吉凶混雜時，在現實生活中不是先成後敗，就是苦盡甘來。至於是先好還是先苦就看當事人走運好不好了。

從田宅宮一吉一凶的場景來看，不難理解D女士一生走過來為什麼會這麼辛苦了。

實例命盤五：E先生

命　宮：（個性、特質、命格好壞、對其他宮位的潛在影響）

天　同：『資優兒童去旅行，有護士姐姐隨行照顧，老師說吃點心前要洗手。』

天同 左輔 天馬 天月 辛巳【命宮】04-13 ×四	武曲 天府 三台 天廚 壬午【父母】○三	太陽 太陰忌 擎羊 華蓋 癸未【福德】×三	貪狼 天鉞 鈴星 紅鸞 八座 天福 天壽 天巫 解神 天空 劫殺 孤辰 甲申【田宅】○二
破軍 擎羊 台輔 天官 寡宿 庚辰【兄弟】14-23 一四	實例命盤五 E先生 陰男 乙未年【民國44年】 月二十六日 時		天機祿 巨門 右弼 地劫 喪門 乙酉【事業】84-93 ×二
祿存 鳳閣 蜚廉 白虎 癸卯【夫妻】24-33 ×五			紫微科 天相 天傷 天刑 丙戌【僕役】74-83 一五
廉貞 文曲 陀羅 天喜 天貴 天姚 戊寅【子女】34-43 ○五	地空 破碎 天虛 己丑【財帛】44-53 ×身	七殺 文昌 天魁 封誥 恩光 天才 陰煞 天使 大耗 咸池 戊子【疾厄】54-63 ○六	天梁權 龍池 天哭 官符 丁亥【遷移】64-73 ×五

左輔：『我的左右副手，左邊的給我建議，右邊的幫我執行。』

從場景來看，有資優兒童，所以E先生的個性並不積極，人倒是很聰明。在命格的位階上有護士、老師，所以，如果E先生能夠讓自己更積極，在成就上有機會成為醫務人員或者公教機關人員，否則，成就平平，不過就是一般行政文書人員。可惜，E先生一生都不算積極，沒有很強烈的企圖心，雖然在大企業工作但是最高只做到行政副主管。

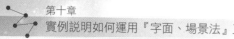

從左輔的場景來看，E先生人不但聰明能力也相當好，是很好的左右手，所以很受主管賞識，只可惜企圖心不夠。如果E先生能事先知命，然後改善這個缺點或許E先生的一生就會完全不一樣了！掌握場景中命格成就的高低，大概就知道當事人是什麼樣的人了！

兄弟宮：（互動、緣份、影響、助力）

破　軍：『大海邊的垃圾場、資源回收場，垃圾車進進出出。張飛在管理。』破：破敗。破壞。突破。

擎　羊：『流氓械鬥，非死即傷，送醫或者送官法辦。』

從破軍及擎羊的場景來看，不難了解E先生跟兄弟的緣份不算好，甚至兄弟還會帶來麻煩。而且破軍＋擎羊還形成一個凶格局叫做『虐』，E先生可能還要為兄弟的事所苦。

E先生跟他哥哥之間有財務糾紛，他哥哥欠他一筆不小的錢，要不回來，彼此之間也很少來往。

夫妻宮：（喜歡的對象的個性及風格、有無助力、影響、成就、互動、緣份）

空　宮：『無力、無奈、無緣』。

祿　存：福祿壽三仙。『努力打拚，三仙保佑。不努力打拚，則一無所有，發亦不久。』

空宮的特徵是心願難成，無法如願，無力去掌控自己的感情。這種格局，感情及婚姻當然不理想，容易為情所苦所困，當然也就容易失戀容易離婚了。

不過，因為還有一顆祿存在，從祿存的場景來看，還是有福氣存在的，但條件是『努力打拚』，所以，只要能好好經營感情、婚姻，E先生其實還是能有機會有不錯的婚姻的。可惜，天同的不積極、不太負責任的個性讓E先生始終不能擁有順利的感情及婚姻。

（解析技巧說明：在解析每個宮位時都要回到命宮的特質來看，與當事人的個性本質互動聯結，才能知道當事人面對不同的選擇時，會偏向那種選擇。像本例中，面對婚姻時要不要努力打拚，就要回到天同的本質來互動聯結。而天同的本質是不積極、不怎麼負責任，這樣互動聯結下，就不會選擇努力打拚來經營他的婚姻了。）

E先生婚前失戀過不下三次以上，婚後也有婚外情，把自己的婚姻搞的亂七八糟，最後還是以離婚收場，之後，就沒有再結婚了。

財帛宮：（有沒有錢、錢那裡來那裡去、掌控錢財的能力、賺錢的能力）

地　空：『夢想家，不切實際的想法，只想不做的人。』空：空了。

破　碎：破財星。支離破碎。

從場景來看，相當不利財運。在理財上，命宮天同雖然聰明但因為是兒童星所以有天真的特性，又不夠積極，總想輕鬆賺到大錢。這種個性跟地空互動聯結，會讓天同賺錢的方法更不切實際，總想一步登天，但是，最後還是落的一場空，甚至還會負債。加上還有一顆破碎星，會加重破財的殺傷力。

E先生雖然在大企業上班，但在理財上，卻以融資的方式（借錢的意思）從事股票投資，最後不但賠慘了，還負債。在命理上，只要是財帛宮不理想，一般命理師都會建議當事人不要從事風險性高的理財方式。

僕 役 宮：（交友情況是多交型還是少交型、對待的方式、部屬的能力、彼此的影響及助力）

紫微化科：『紫禁城裡的人、事、物、景、生活。』

天　相：『商鞅變法，在瀑布旁制訂治國良方。』

天　刑：刑剋。刑傷。刑罰。

從場景來看，確實很強，但可惜的是，如果跟命宮天同不積極的特質互動聯結，這麼好的宮位也沒辦法發揮了。這個宮位雖然看起來不錯，但其實紫微＋對宮的破軍形成一個格局叫做『紫破辰戌，君臣不義』的凶格局，會破壞這個宮位原有的吉象，變成吉凶混雜的宮位，只要跟E先生命宮裡不好的特質互動聯結，這個宮位就完全破壞了！E先生跟朋友之間的緣份及助力就很容易斷了。

在命格的運用上，如果E先生能多花心力去結交朋友，以這個宮位這麼旺，會是他生活上重要的助力。有位階這麼高（紫微是主管老闆格，天相也是高階主管格）的朋友，在需要時一定可以發揮相當大的助力，在E先生的一生中沒有好好運用這個運勢真的是太可惜了。

E先生不喜歡交朋友，所以朋友很少，在他事業發生困難時也沒有求援的對象，真的是太可惜了。（在E先生生活出現困難時，其實他的大學同學中有的人已經是企業老闆、家族企業的高階主管、大企業的協理、副總經理，有成就的同學不在少數，真的是太可惜了。）

事業宮：（位階、行業別、做事風格能力、成就、特殊技能）

天機化祿：『孔明戴著眼鏡，坐在他發明的孔明車上，一面泡茶一面遊山玩水。』

巨　門：『上法院，問鬼神吉凶。』

右　弼：『我的左右副手，左邊的給我建議，右邊的幫我執行。』

地　劫：『劫匪因貪心、糊塗而帶來災難。』

從場景來看，有孔明的智慧及能力，有巨門的專業，有右弼的能力。可以看出來E先生在工作的表現上會相當的不錯，做事的風格也會比較穩重細心，在他的工作領域內專業的程度也會相當不錯。以工作成就來看，天機可以是很棒的高階幕僚人才或者高階的機械工程師，而巨門是專業的研究人才或司法相關人才。不過，要達到這麼高的成就，命宮天同的特質就要發揮的淋漓盡致，而且不能懶散、不積極。

E先生在工作上確實表現的很好，也很受主管重視，但可惜的是，當公司要將E先生調職至其他單位時，他選擇離開公司。如果他能接受挑戰，繼續在公司努力下去，今天他就不會長期失業了。

從格局來看，巨門天機在酉宮會形成：『巨機在酉，縱遇財官也不美』的格局。這個格局就暗示好景不長、先成後敗的意思。把這個格局跟地劫互動聯結，就會形成明顯的先成後敗的運勢。也難怪E先生在遇到困難時會選擇走人，而不是接受挑戰，冥冥之中就是有一股凶象的力量在影響當事人的決定。

田宅宮：（不動產、家境、財庫）

貪　狼：『拉斯維加斯的夜生活。酒店前面有噴泉，棕櫚樹。賭客求偏財。警察在維護治安。』

天　鉞：『通過考試，一路提拔，升為高官。而天鉞相當於官夫人。』天：高高在上的人。

鈴　星：略。

從格局來看，貪狼＋鈴星會形成『鈴貪格，突發的格局。』當貪狼有化祿引動時就會突然帶來財運。E先生在三十多歲時，因為公司配發股票，讓他平白賺進三百多萬元。

但是從另外一個格局來看，貪狼＋對宮的文曲會形成『曲貪格，正事顛倒、粉身碎骨的格局。』這個凶象不但傷了財庫也傷了家運，結果是財庫空空，家運衰敗。原本賺到的三百多萬不到一年就花光了，後來也離婚了。

（解析技巧說明：在命理運勢上不是吉象就是凶象或者是平平，不論是那一種運勢在生活中都會有一股力量在暗中影響當事人，所以，作為命理師一定要把吉凶平的運勢解釋的清清楚楚，讓當事人在行事時能有比較明確的方向，才能達到趨吉避凶的積極意義。）

福德宮：（享受、嗜好、精神狀態、精神生活、對其他宮位潛在的影響）

太　陽：『太陽自轉，不斷燃燒自己提供能源給萬物。』

太陰化忌：『海邊別墅，氣質美女的一天。』

火　星：略。

福德宮在未宮太陽開始轉弱，太陰（月亮）則是全弱，所以整個宮位屬於弱格，加上太陰又化忌，等於是落井下石，這個宮位變得弱又凶，根本是壞透了。太陽場景裡的優點全不見了或者轉弱了，太陰化忌更是把太陰場景裡的悠閒幸福的生活給破壞掉了。

如果從格局的角度來看，太陰＋火星形成『十惡格』，是一個凶格局，讓福德宮的凶象更嚴重。（各位讀者一定要能習慣先看有沒有形成格局的結構，才不會把吉凶給看反了。）

以通俗的話來講，E先生的福報不好，太沒有福氣了，在精神上也會比較苦悶。更糟的是，福德宮的對宮是財帛宮，福德宮的凶象會正沖財帛宮讓E先生的財運更差，幾乎是差到不行。尤其太陰代表女人，女人星一化忌就會因為女性的問題而破敗，感情婚姻當然不好，甚至會因為女性而誤了他的事業發展。

父母宮：（互動、緣份、影響、助力）

武曲：『關公手持關刀一個人衝入敵營，殺殺殺！』

天府：『王爺府蓋在山坡地上，舉辦化粧舞會，政商名流駕著馬車來參加。』

如果單單從E先生的父母宮星曜的場景來看，確實不錯，但可惜的是這個宮位有武曲自化忌的潛在凶象，當然會造成E先生跟雙親的緣份比較淡。以命宮天同的特質來看，天同小朋友善良當然會對雙親孝順，但這個宮位有自化忌的凶象，會讓E先生無法盡孝道。

E先生大學畢業後就離開家鄉到北部發展，在三十多歲時父親去世，後來又因為自己把自己的婚姻、事業搞壞了，更沒有能力去孝順母親了。

（註：E先生是作者的學生，失業後跟隨作者學習命理，目前已經自己執業了。學習命理五術也是他事業宮天機的性質之一。）

實例命盤六：F小姐

命宮：（個性、特質、命格好壞、對其他宮位的潛在影響）

廉貞：『警察追捕壞人，最後用電擊槍逮捕入獄。』

天相：『商鞅變法，在瀑布旁制訂治國良方。』

擎羊：『流氓械鬥，非死即傷，送醫或者送官法辦。』

從場景來看，不論是廉貞的警察、天相的商鞅，還是擎羊的流氓都是行事很有魄力，

巨門 祿存 天巫 破碎 丁巳【兄弟】16-25 ×五	廉貞 天相 擎羊 天廚 戊午【命宮】06-15 ○六	天梁 天鉞 地劫 天空 己未【父母】 ○六	七殺 天馬 解神 喪門 孤辰 庚申【福德】 ○三
貪狼祿 左輔 陀羅 鳳閣 天壽 寡宿 丙辰【夫妻】26-35 ○五	實例命盤六 F小姐	陽女 戊午年【民國67年】火六局 天上火 一月 日 時	天同 火星 紅鸞 天貴 天刑 辛酉【田宅】 三
太陰權 地空 天喜 天官 天福 咸池 乙卯【子女】36-45 ×二			武曲 右弼科 龍池 封誥 天月 官符 華蓋 壬戌【事業】86-95 ○身
紫微 天府 文昌 台輔 三台 陰煞 蜚廉 白虎 甲寅【財帛】46-55 ◎二	天機忌 天魁 天使 大耗 天姚 乙丑【疾厄】56-65 四	破軍 文曲 八座 天才 天虛 天刑 甲子【遷移】66-75 ○四	太陽 鈴星 恩光 天傷 劫殺 癸亥【僕役】76-85 ×二

執行力很強的人，所以，這個命格個性很強、積極、好勝、不認輸，這種特質在工作及事業的發展上極為有利，容易有成就。不過，這種命格的缺點，就是對人太過強硬了，讓人覺得太固執了不容易相處，加上有擎羊，會更衝了，容易在不知不覺中得罪人。這種命格強的人最大的優點是容易學有專長，往往可以靠自己的專長或者技能技術闖出自己的一片天。

F小姐的個性確實很強，

做事認真，而且不認輸。也確實學有所長，就以她在美容方面的技能，已經為她創下讓親友們稱羨的事業了。

夫　妻　宮：（喜歡的對象的個性及風格、有無助力、影響、成就、互動、緣份）

貪狼化祿：『拉斯維加斯的夜生活。酒店前面有噴泉，棕櫚樹。賭客求偏財，警察在維護治安。』

左　　輔：『我的左右副手，左邊的給我建議，右邊的幫我執行。』

陀　　羅：『打陀螺，需要技巧，剛開始轉的很快很有力，轉來轉去，漸漸的沒力了，倒了。』

寡　　宿：孤單星。

（解析技巧說明：在看喜歡的對象是那一種類型時，同樣要回到命宮的特質來互動聯結，不能單單就一個夫妻宮來論。）

從場景來看，F小姐似乎喜歡比較活躍、善於交際應酬的人。但其實不能單單就貪狼來看，一定要跟命宮的星曜作互動聯結，廉貞跟天相共同的特質是正直不亂來有規矩，

F小姐這種特質相當明顯，所以，她喜歡的對象應該是具有貪狼特質中優秀的部份，像有企圖心、敢做敢當、有魄力等等。偏偏她先生屬於喜歡跟朋友喝酒聊天半夜還不回家的那種類型。而且，貪狼不好的特質中還有一項就是會騙人（不擇手段是貪狼的特質之一，既然會不擇手段當然就會騙人）。婚前F小姐的先生對自己家裡經濟情況都儘量隱瞞，婚後才知道負債不少。這種性格上的差異以及現實生活上的差異，自然會讓她們夫妻的感情開始走樣。

以陀羅及寡宿的場景來看，陀羅轉到後還是倒了，寡宿星則讓F小姐長時間一個人孤單的在家裡等先生半夜回家。

左輔是貴人星，在婚姻裡容易變成第三者，不過，在F小姐婚姻出現問題前她先生倒是沒有第三者的情形。只是F小姐在懷疑她先生好像還跟前女友有連繫，不過，只是懷疑而已並沒有得到證實。

子女宮：（互動、緣份、影響、生育機能）

太陰化權：『海邊別墅，氣質美女的一天。』

地　空：『夢想家，不切實際的想法，只想不做的人。』空了。

Ｆ小姐的子女宮在卯宮，太陰屬弱星，就算有化權，力量還是不強。而且這個宮位還有太陰自化忌的潛在凶象，這個凶象跟地空的『空了』互動聯結，Ｆ小姐的子女運就變得非常不理想了，緣份變得很淡。

如果從健康的角度來看，生育機能就容易出問題了。所以，Ｆ小姐可能很難生育，或者跟子女聚少離多，也有可能小孩子的健康不好。實際上，Ｆ小姐的子宮太冷很難懷孕，到作者出書為止都還沒有懷孕。

財帛宮：（有沒有錢、錢那裡來那裡去、掌控錢財的能力、賺錢的能力）

紫　微：『紫禁城裡的人、事、物、景、生活。』

天　府：『王爺府蓋在山坡地上，舉辦化粧舞會，政商名流駕著馬車來參加。』

文　昌：『文昌帝君學習讀書考試。一帆風順。或異路功名。』

白　虎：刑傷。

蜚　廉：小人星。

從場景來看，紫微天府都是大財主，這種命格財運很旺，只要學有專長一定會有相當強的賺錢能力。再加上在財帛宮裡有文昌的學習能力，當然就是指具有學習賺錢的技能、知識、技巧等的能力，所以，F小姐要學到賺錢的專長真是太容易了！

（解析技巧說明：宮位裡的星曜除了要跟其他星曜互動聯結之外，也要跟宮位本身互動聯結，才能把星曜的作用解釋的非常貼切。本例中就是把文昌跟財帛宮互動聯結，就變成有學習賺錢本領的能力。）

F小姐在美容方面確實學有專長，也讓她年收入高達一百多萬元，依作者來看，F小姐以後應該會賺的更多！

至於白虎這顆凶星當然是破財的意思，那怎麼破財呢？當然是跟蜚廉有關了，蜚廉是小人，所以是小人破財，可能是被騙、借錢不還或者與人合作失敗。F小姐在二十多歲時曾經被詐騙集團騙光存摺裡所有的存款。

綜合這個宮位所有星曜，可以得到這樣的結果：F小姐會學到能讓她賺大錢的技能、技術或者知識，並且賺到不少錢。但同時也有小人破財的情形。

疾厄宮：（體質、疾病、意外傷害）

天機化忌：『孔明戴著眼鏡，坐在他發明的孔明車上，一面泡茶一面遊山玩水。』天機五行屬木。

天　魁：『通過考試，一路提拔，升為高官。而天鉞相當於官夫人。』天：高高在上的人。

從場景來看，天機愛動腦筋想東想西，所以，容易有神經衰弱或者憂鬱症。以五行屬木來看，有肝膽、筋骨、四肢的問題。

F小姐剛好有右腳比較短的問題，脊椎也有稍微側彎經常會腰背酸痛。至於肝膽方面到作者出書時還沒聽說有問題。

僕役宮：（交友情況是多交型還是少交型、對待的方式、部屬的能力、彼此的影響及助力）

太　陽：『太陽自轉，不斷燃燒自己提供能源給萬物。』

鈴　星：『家暴事件，施暴者怒罵施暴，受虐者反擊。』悶爆的火氣。

僕役宮在亥宮，太陽在這個宮位屬弱星，太陽失去原有的優點，場景裡好的全沒了！太陽轉為不好的特質，跟鈴星的暴力互動聯結，就變成壞男人了，就算不壞也不會是好男人。這種交友宮（僕役宮也叫交友宮）當然就不適合自己去認識結婚的對象，最好是請親友過濾後再交往，才不會婚後才發現完全不一樣！

因為交友宮的格局不佳，所以交友的情形就不熱絡（太陽弱），甚至懶得去交朋友，對朋友也比較冷淡不熱情（太陽弱），屬於深交型不是交際型。

F小姐朋友不多，平常也不會主動跟朋友互動。

事業宮：（位階、行業別、做事風格能力、成就、特殊技能）

武曲：『關公手持關刀一個人衝入敵營，殺殺殺！』

右弼化科：『我的左右副手，左邊的給我建議，右邊的幫我執行。』

這個宮位有武曲右弼化科，就場景來看，應該是做事很有魄力，執行力很強，能力很好的格局。但可惜的是，這個宮位有武曲自化忌的潛在凶象，破壞了F小姐的事業運。

雖然能力好，執行力也強，但在工作上就是不順利，經常換工作也沒什麼成就可言。通常事業宮不好的人不適合當上班族，應該以自行創業為宜。F小姐就是在開了個人工作室後，才一帆風順，賺錢賺到手軟！

而且右弼化科又是很旺的貴人，貴人在事業宮，互動聯結後變成有人在幫助F小姐的事業順利。開了個人工作室後，這些幫助她事業順利的人當然就是指她的客戶了，也難怪她的生意好到客人做不完。

後記

作者自己使用的這套學習方法可謂是世間獨有，當然不敢自珍，十二萬分的願意公開給有緣份的讀者。這套學習方法公開後，日後必然會形成一種跟以往不一樣的學習風潮。期望各位有緣學習本法的同好能秉持濟世救人、為人指點迷津的善念，給有需要的人指點一個方向，萌發一個希望。作者若能因此書而間接對有緣的眾生有所貢獻，會是作者一生中最大的驕傲與喜悅。

感謝各位讀者的支持及愛護，祝各位有緣的讀者順心如意！心想事成！

附註：如果讀者在命理方面（算命、姓名學、八字開運、陽宅風水、教學）有需要作者服務之處，歡迎以與作者連絡。手機：0986-721768、電子信箱：htkl3579@yahoo.com.tw

國家圖書館出版品預行編目資料

學會紫微斗數，就靠這一本／宏天魁著.
－－第一版－－臺北市：知青頻道出版；
紅螞蟻圖書發行，2016.03
面　；　公分－－(Easy Quick；146)
ISBN 978-986-5699-71-0（平裝）

1.紫微斗數

293.11　　105002015

Easy Quick 146
學會紫微斗數，就靠這一本
作　　者／宏天魁
發 行 人／賴秀珍
總 編 輯／何南輝
校　　對／周英嬌、鍾佳穎、宏天魁
美術構成／Chris' office
出　　版／知青頻道出版有限公司
發　　行／紅螞蟻圖書有限公司
地　　址／台北市內湖區舊宗路二段121巷19號（紅螞蟻資訊大樓）
網　　站／www.e-redant.com
郵撥帳號／1604621-1　紅螞蟻圖書有限公司
電　　話／(02)2795-3656（代表號）
傳　　真／(02)2795-4100
登 記 證／局版北市業字第796號
法律顧問／許晏賓律師
印 刷 廠／卡樂彩色製版印刷有限公司
出版日期／2016年 3月　第一版第一刷
　　　　　2017年11月　　　第二刷(500本)

定價 300 元　港幣 100 元

ISBN 978-986-5699-71-0　　Printed in Taiwan